年金を

がっぽりもらうための

裏マニュアル

ぱる出版

はじめに　知らないって怖い！

先が見通せない時代です。ただ、年金だけでは食えない時代に突入したことだけは明白です。読者諸氏の準備力と知恵が試されています。

準備力を高めるには、「年金・税金・医療」などの姿形が見えていることが必須です。本書は、わかりやすくそれらの構造を解説し、どの面にアプローチすれば、「トク」をし、何に気をつければ「ソン」をしないか、そこに重点を置きました。

どんな制度も法律でできており、法律とは道具（ツール）です。道具をうまく使うには、使い方を知っておく必要があります。

使い方を知らないと、損ばかりします。損していることにも気づきません。怖いのは、自身の無知です。

法律という硬い言葉でできた制度は、誰の味方でもありません。使い方を知っている人の味方です。老後の年金は確実に減らされ、現役時代の手取りは上がりません。拙著がそんな時代を乗り切るための一助になれるなら、望外のよろこびです。

２０１８年１月　吉日

著　者

年金をがっぽりもらうための裏マニュアル　もくじ

第1部　年金

23 知らないではすまない遺族年金……147

第2部 税金

第3部　医療・介護

第1部

年金

1章　年金はいったいどうなる？

◉65歳以上が約３５００万人

年金の財源の柱は次の３本です。

１　現役世代が払う年金保険料
２　約１５０兆円の年金積立金の運用益
３　税金からの国庫負担

年金は自分が払った保険料が積み立てられ、それが支給されるのではありません。現役世代の保険料が老人を支えているのです。

保険料は若い人からの見知らぬ老人たちへの〝仕送り〟です。

◉現役世代がどんどん減る

「1」の柱の年金保険料は、今後ますます細くなります。15～64歳の生産年齢人口が、１９９５年から一貫して減少し続けているからです。

日本は世界最速で少子高齢化が進み2017年現在、65歳以上は約3490万人で、総人口に占める割合は27・7%。我々は世界一の超高齢社会に暮らしています。

日本の人口は2009年がピークでした。人口問題研究所の推計によれば今後50年間、総人口は毎年0・7%（約89万人）、生産年齢人口は1・1%（139万人）減少していきます。人口減少は山梨、福井、佐賀などの県が毎年、ひとつずつ消えていくイメージです。2030年代後半からは、加速して毎年100万人が減ると見込まれています。

人口維持には、2・07以上の合計特殊出生率（女性が生涯に産む子どもの数）が必要ですが、75年以降ずっと2を割り込んでいます。

2016年は1・44で前年より下がりました。団塊世代が生まれた頃は4・1、つまり4人兄弟も珍しくなかったのです。

◉150兆円の半分を株で運用

「2」の柱である年金積立金150兆円の運用は、世界最大のファンド・GPIF（年金積立金管理運用独立行政法人）が行っています。

年金積立金の半分が内外の株式で運用されており、国内株式には約24%（約35兆円）が充てられています。

２０１２年12月から２０１７年６月の間に、約40兆９０００億円の利益がでましたが、この利益が直ちに年金額に反映されることはありません。

運用益によって年金財政が堅固になっていくので、将来の年金を支払うための能力が向上していくのです。

世界的な株高の影響から、２０１７年７〜９月期も３％近い運用益を出し好調ですが、リーマン・ショックなどの大恐慌があると、一転して巨額の赤字に見舞われるので、株売買による収益は決して安定しません。

また、日銀は毎年６兆円のＥＴＦ（株価指数に連動する上場投資信託）購入によって、株価を下支えしているともいわれています。

年々、年金の給付額が増加していく中、いつまで年金の積立金で株売買をするリスクを取り続けていけるのか、ＧＰＩＦは難問を抱えています。

◉１人で老人を肩車

年金の未来は人口減少のため、視界不良です。保険料を払う人がどんどん減り、年金を受け取る人がどんどん増えています。

1980年には、現役10人で1人の受給者を支えていましたが、2013年には3人で1人を支える「騎馬戦型」になりました。

2023年には現役2人で1人を支える「かごかき型」になり、やがて1人で1人をかつぐ「肩車型」に移行していきます。医学の進歩で高齢者の寿命は延びていくため、老人を肩車する時間も長くなります。

すべての団塊の世代が75歳を越えて、後期高齢者になるのが2024年。2017年から25年後の2042年には、高齢者数が500万人増加し、約4000万人となってピークに達します。

そのとき、年金制度はどうなっているでしょう?

4000万人の年金を払えるのか。年金制度は少子高齢化によって枠組みだけが存在し、中身はガタガタになっているかもしれません。

2章 「百年安心」年金のまやかし

2004年に年金制度の改正があり、「百年安心」と政府は謳(うた)い上げましたが、おおきな誤算、あるいはホラでした。今は制度の手直しに追われています。

今後は〝年金革命〟と呼べるほどの抜本的な改革が実行されない限り、年金制度の行く末には巨大な暗雲が立ち込めています。

仮に抜本的な改革が法制化されたとしても、効果が現れるには時間がかかります。年金を生活の基軸にして安心・安定の老後を送るという構想は、すでに崩壊しつつあります。

◉インフレに弱い年金

日銀は未だに2%の物価上昇の目標をクリアできていませんが、年金制度は将来のインフレを見据えて改正されました。

「マクロ経済スライド」という言葉をご存知でしょうか。

これは、年金給付を賃金・物価の伸びより低く抑えるための「給付自動調整メカニズム」で、05年度から導入されています。

これまで、年金額は物価上昇に応じてスライドしていましたから、インフレに対しては目減りしませんでした。

しかし、この制度の導入後は、物価上昇率から「0・9%」を差し引いた分しか上がらなくなりました。0・9%とは、労働力人口の減少率などから算出した数字です。

たとえば、物価が2%上がっても、年金額の改定では、「2%−0・9%＝1・1%」となって、1・1%しか年金額は増えません。

この0・9%分の削減は、2025年まで継続することが決まっています。

●年金の実質価値は20年で16%減

年金は主に現役世代の保険料を財源にして支給されますから、保険料の負担側が減少していく今、2つの改革が実行されました。

第一は、保険料の引き上げです。

国民年金の保険料は毎年、約280円前後上がり、2017年度に月額1万6490円になり、2018年度は据え置かれ、それ以降は未定です。

厚生年金の保険料も、段階的に引き上げられ、2017(平成29)年度に給与の18・31%(労使折半)に達した時点で据え置きとなりました。

果たして、ここで引き上げをストップして、将来、間に合うかどうか。とはいえ、社会保険料は税金より重くなっていますから、これ以上の負担は労働者には大打撃です。

消費が活発にならない理由は、消費税にあるのではなく、重い社会保険料にあるという意見もあります。

第二は、年金給付のゆるやかな削減で、2034年には現行の16%減となっています。

政府試算では、２０１４年度の国民年金は、満額で月額約６・７万円ですが、20年後には16％下がり、５・６万円になる見込みです。

年金給付のピークは、実はまだ30年以上も先の２０５０年。今の20代後半の人たちが還暦を迎える頃に頂点に達します。

２０５０年以降の年金額の水準は、現役世代の賃金の50％程度と言われています。

◉保険料を払い続けて大丈夫か

10年前の２００７年度の年金支給総額は約47兆円で、その大部分は現役世代の保険料でまかなわれていました。

今後は年金受給者が増え続け、保険料を負担する現役労働者が減少していくので、収支バランスは安定性を欠くようになります。

このままでは、年金財政が赤字に転落するのは時間の問題です。とはいえ、サラリーマンは年金制度に強制加入ですから、制度から脱出はできず、年金保険料は毎月、確実に給与から天引きされていきます。

現役世代の中には自身の保険料が、見ず知らずの老人の口座に年金として振り込まれているという事実を知らない人もいるでしょう。

「年金は世代間の助け合い」とは政府広報の文言ですが、今の現役労働者が年金受給者になったとき、受け取る年金額は確実に今より減額されています。

国は年金財政の健全性をアピールしています。そのひとつが、「年金受給額は、支払う保険料を上回っている」という主張です。

では、その主張を検証してみましょう。

受給額と保険料の関係は、次のようになります。

・1935（昭和10）年生まれの受給額　納付保険料の8・3倍。
・1985（昭和60）年生まれの受給額　納付保険料の2・3倍。

このように世代間格差は明らかで、団塊世代以上は年金で儲けています。その理由は単純で、保険料が驚くほど安く年金給付が手厚かったからです。

これからは高い保険料と薄い年金給付にならざるをえず、世代間の大きな格差は埋めようがありません。

◉年金制度安定の妙案は？

年金制度の維持には、年金財源の安定化が必須です。そのためには、次の3つの組み合わせしかありません。奇策はないのです。

1　年金保険料の値上げ

2　年金給付の減額

3　支給開始年齢の引き上げ

「1」の保険料は毎年少しずつ引き上げを実施し、2017年9月に打ち止めになりました。厚生年金保険料率は18・3％に達しました。労使折半ですから、勤労者は給与の9・15％を天引きされています。

国民年金保険料も少しずつ引き上げられていましたが、2017年度でストップしました。

「2」は「マクロ経済スライド」が導入されました。年金は物価上昇率から0・9％差し引いた額しか上がりません。

「3」の支給開始年齢の引き上げは、政府が虎視眈々と狙っている本丸の政策です。これがいちばん効果的だからです。

西欧やアメリカも67～68歳支給を決定しました。世界一の長寿国・ニッポンも今後、67～68歳支給は当たり前になるでしょう。

支給開始が65歳から67歳になれば、平均寿命までに支給される年金総額は、約1割も削減されることになります。

労働力と保険料の確保を目的に、移民を年間何十万人単位で受け入れるという案も出ています。しかし、彼らが日本文化に馴染まず、摩擦を生じることの方がマイナスという意見が今のところ優勢です。

定年後、年金だけでは食えない時代に突入したことだけは明白です。寿命だけはぐんぐん伸びる老後をどのように安心して暮らしていくか、各人の準備力と知恵が試されることになります。

●年金制度を守る必殺技

年金制度を守るには、支給開始年齢を平均寿命まで引き上げればいいのです。平均より早死にした人が払った保険料が、平均より長生きした人を支える構図になり、財源問題は一挙に解消します。

1950年の厚生年金の支給開始年齢は55歳でした。当時の平均寿命は男性59・5歳だったので、退職後4年間ほど受給し、死亡していたことになります。

国民年金の支給がはじまったのが1961年。当時の平均寿命は男性65・3歳、女性70・1歳です。国民年金は65歳からもらえますから、当時は5年間程度で寿命が尽きていたのです。

2016年の平均寿命は男性80歳、女性86歳を超えています。寿命が伸びた分、受給期間が昔と比べて圧倒的に長くなっています。

現行の65歳支給開始は早晩、引き上げられるでしょう。11年前の2006年10月、ときの安倍総理は国会答弁でこう断言しました。

「平均寿命が延びれば、支給開始年齢は遅くなる」

3章 「75歳受給時代」がやってくる!

◉まずは70歳支給へゴー

第二次安倍内閣では、「70歳支給」の議論がすでに始まっています。公務員の定年を60歳から65歳へ延長する法案が、2018年の通常国会に提出される予定です。

2017年9月、安倍首相は日経新聞のインタビューにこう答えました。

「高齢者向け給付が中心の社会保障制度を全世代型社会保障制度に変えていきます」

これは、高齢者の年金に手をつけるということです。年金保険料アップは２０１７年に終了したので、年金制度を維持するには、次の２つの方法しか残っていません。

１ 現行の受給額をじわじわと４割カットまで進める
２ まずは65歳定年を定着させ、70歳支給開始の実現

◉「75歳支給」計画の恐怖

政府が最初に「75歳支給」に言及したのは、２０１４年５月のＮＨＫ討論会です。当時の厚生労働大臣が「75歳まで選択制を広げる案が与党から出ている」と発言しました。

３年後の２０１７年７月、内閣府の有識者会議で「75歳支給」が議論されました。その中身は、現行の70歳までの繰下げ支給を75歳まで広げるというものです。

２０１７年末までに「高齢社会対策大綱」の改訂案がまとめられる手筈で、政府は「75歳受給開始選択」をそのなかに盛り込む予定です。

「選択制」なら65歳でももらえるから問題はないと思われがちですが、定年と年金支給開始年齢は、セットで引き上げられてきた歴史があります。

定年が55歳のとき、年金支給は60歳でした。定年が60歳になると、経過措置を設けて65歳支給開始となり、同時に70歳までの繰下げ受給もできるようになりました。

つまり、政府が構想する年金支給開始年齢は、「定年＋5年」です。

政府は2013（平成25）年から経過措置を設け、希望者全員の定年を65歳に延長しました。となると、年金支給は「65歳定年＋5年」なので、「70歳支給」が現実味を帯びます。まずは65歳定年を定着させ、70歳支給に踏み込む。さらに、70歳定年から75歳支給へと大ナタを振るう――この「定年＋5年」の方程式で年金改革が進む可能性が高いといえます。

◉老年学会との共闘作戦か

日本老年学会と日本老年医学会は、老年研究の権威集団です。同学会は2017年1月、「高齢者を65歳以上から75歳以上に見直すよう」提言しました。

この提言はニュースで大きく取り上げられ、街をゆく65歳の人に「あなたは高齢者ですか」と街頭インタビューをしました。

ほとんどの人の答えは「65歳はまだ高齢者ではない」でした。

政府や厚労省が「それなら70歳支給、75歳繰下げもOKですね」と喜びそうな回答でした。

●「老人半減」計画の凄み

現在、65歳以上は約3514万人(2017年9月)です。学会の提言のとおりに「高齢者の定義」を65歳から10歳引き上げ75歳にすると、高齢者の数は一挙に半減します。65~74歳の約1752万人が「高齢者」ではなくなるからです。

学会の定義見直しは、「年金は高齢者(75歳以上)になってから」という政府の思惑への後方支援の意図があるのかもしれません。

老年学会理事長は「そう見られても仕方がないが、あくまで学問的な提案です」とインタビューに答えています。

●「2025年問題」に先手を打つ

「2025年問題」とは、約678万人の団塊世代が、全員後期高齢者(75歳以上)に突入する年をいいます。

この団塊世代を含めた後期高齢者は、2025年には2013年の1・4倍の2179万人に膨らむと予測されています。

高齢者の定義を65歳から10年間引き伸ばして「75歳」からにすると、国は絶大な効果を享受でき、反対に国民は痛みに襲われます。

国が受ける効果とは、「年金・医療・介護」など、高齢者に使われる財源が大きく削れることです。

厚生年金支給総額は23・3兆円（2015年度）です。65歳ではなく75歳以上を高齢者とみなすようになれば、高齢者数は半減し、当然、国の年金出費も半減します。

1人当たりの年間医療費は、75歳以上が約89・2万円。15～44歳は11万円、45～64歳は27・6万円ですから、75歳以上が突出しています。

医療費の70～75歳未満の自己負担額は2割です。これを「75歳未満は高齢者とはいえない」ので3割にすれば、国の医療財政は劇的に助かります。

介護保険料の給付が原則65歳から75歳以上に引き上げられると、75歳まで介護保険は使えなくなります。

このように「75歳以上＝高齢者」は、社会保障を支える大きな手です。

政府の狙いは、「1億総活躍社会」の美名のもと、国民にできるだけ長く年金保険料の払い手になってもらい、年金支給開始を遅らせたい、というものでしょう。

要するに、国の目論見は、65～74歳をシルバー世代と名付け、年金支給開始の75歳まで働いてもらい、社会保険料と税金を納めてくれ、ということです。

最近よく耳にするのは「人生100年時代」という言葉。人生100年なら、75歳支給が実現しても25年間も年金を受給できます、というのが政府の腹の中です。

◉「70歳支給」で約1300万円の大損

希望者全員の65歳定年が実現した今、段階的に「70歳支給開始」に向けて年金改革（悪）は着々と進んでいます。

支給開始が65歳から70歳に延びると、年金はどのくらい減るのでしょうか。

夫婦2人の標準的な年金月額は約22万1277円。これが5年（60か月）分、もらえないので約1327万円の損失です。

「75歳支給」なら、2倍の2655万円の損失ですが、いきなり75歳支給ではなく、まず現行の70歳選択制を「75歳」まで延長することから着手すると考えられます。

2017年5月、1億総活躍推進本部は、70歳までの繰下げ受給を「71歳以上」に引き延ばす提言をまとめています。

◉「75歳繰下げ受給」の損得

標準モデルの夫婦（年金月額約22万円）が、65歳受給を70歳まで我慢する繰下げ受給を選択すると、どうなるでしょう。

割増し率は1か月遅らせるごとに0・7％アップなので、5年で42％増です。つまり、65歳夫婦の年金約266万円が、70歳から受け取ると約377万円になります。

「75歳繰下げ受給」を割増し率月0・7％として計算すると、夫婦の年金額は84％増し（0・7％×120か月）の約489万円まで拡大します。


65歳からの266万円と75歳からの489万円――。

年金を10年辛抱して働くと、「年金だけで年収約500万円」になりますが、やっと75歳に届いたと思ったら、その先、何が起こるか、まったく見通せません。

健康寿命とは他人の手を借りずに日常生活ができる年齢をいい、平均で男性71歳、女性75歳です（2015年調べ）。

「75歳受給」なら、年金をもらいはじめたときには、ひとりで出歩くのもままならない体になっているかもしれません。

また、75歳受給の夫婦が65歳受給の夫婦を受給総額で追い越すのは、11・3年後ですから、86歳以上長生きしなければ無意味になります。

ちなみに、男性の平均寿命は80歳、女性は86歳ですから、政府の企み（？）の「75歳繰下げ受給」で〝儲ける〟のは容易ではありません。

よく中身を吟味しないと、「84％割増し」というおいしそうなエサに釣り上げられて、こんなはずではなかった、ということになりかねません。

公的年金も金融商品です。しっかり相手（政府）の言い分や魂胆を見極めましょう。

4章 「死亡消費税」ってナニ？

◉死者から徴税？

体力が弱り、趣味や旅行に年金を使えなくなっても、子や孫のためにお金を残すことができる――そう考えて「75歳支給」を選択する高齢者もいるでしょう。

ところが、「トンデモ税」が企てられています。２０１６年、伊藤元重・東大名誉教授が「社会保障制度改革国民会議」で提案した「死亡消費税」です。

死亡消費税とは、「亡くなったときの遺産に一定の税率をかけ、消費税として徴収する」というものです。

定年後の60歳から平均寿命の85歳死亡時までの間、お金を使わず貯蓄した個人の遺産から、もしそのお金を消費していれば払ったと考えられる消費税を死亡後に払ってもらおうという考えです。

◉「死亡消費税」の発想の元

もっとありていに言うと、活発にお金を使って消費し、消費税を多く払った人と、倹約にいそしみ、消費を抑え消費税をあまり払っていない人との間に死後に「税で差」をつける、という発想が根にあります。

死亡後に消費税を払ってもらうので「死亡消費税」という名がつきました。このアイデア税の行方は、まだわかりません。課税対象を現金から不動産までを含めるかなど、具体的には何も決まっていません。

死亡消費税は年金給付以上に財政負担が重くなっている後期高齢者医療費の財源にする予定です。

◉相続税との違い

死亡消費税は、亡くなった人の遺産の多少にかかわらず、一定の税率をかけて徴収され、すべての国民が課税対象になります。

一方、相続税は遺産が一定金額以上ある場合に適用され、遺産の額によって税率が異なり、控除が適用されることもあります。

5章　65歳定年制の中身

◉継続雇用と年金

特別支給の老齢厚生年金（報酬比例部分）は、60歳から支給されます。しかし、支給開始年齢は、２０１３（平成25）年４月１日から徐々に引き上げられ、２０２５（平成37）年４月１日以降、支給開始年齢は65歳となります。

定年後に無年金・無収入の空白期間が生じないよう、２０１３（平成25）年４月から、希望者を全員継続雇用する「希望者全員雇用制度」が発足しました。

これによって、社員を能力などで絞り込めなくなりますが、現役時代の給与、担当業務、出勤日数などの雇用条件を見直すことは違法ではありません。

したがって、60歳以降に大幅に給与が下がることがありえるのです。

なお、この制度には経過措置があるので、いきなり全員が65歳まで再雇用されるわけではありません。特別支給の厚生年金の支給開始年齢とリンクして徐々に雇用延長が長くなるよう設計されています。

◉特別支給の年金終了

１９６１（昭和36）年４月２日以降に生まれた男性は、特別支給が終了しているので、65歳になるまで年金が受給できません。65歳まで年金・賃金ともにゼロです。しかし、心配いりません。この年齢の男性は、希望者全員が65歳の年金支給開始まで雇用延長されます。

現に年金支給開始の65歳直前まで、フルタイムで働く人は約62％です。ただ、先述したように60歳以降の給与は、定年前の半分程度にダウンするのが一般的です。

ちなみに、国税庁の調査（２０１５年）によると、男性の年収のピークは50代前半の約６５６万円、60代前半は約４７７万円となっています。

現行の65歳夫婦の平均的な年金は月額約22万円ですが、１か月にかかる生活費は65歳夫婦２人で月27万円（２０１６年「総務省家計調査」）となっています。

つまり、毎月５万円の赤字がでています。働くか、退職金や貯金の取り崩しでやりくりしていることになります。

70歳支給が実現した暁には、約22万円の年金がかなり削られているかもしれません。「老後に備えた蓄え」で補てんするか、できるだけ長く働くことを考えざるをえないでしょう。

6章 年金制度の複雑さに職員もお手上げ

◉年金相談をうまく運ぶコツ

年金制度はジャングルの樹木のように複雑にからみあっており、素人にはわからないシロモノです。専門家でも完全に把握しているとはいえません。

度重なる制度改正と既得権者に対する経過措置が複雑さを生んだ理由です。素人が「年金ジャングル」で途方にくれたら、ためらわずに年金事務所に相談しましょう。

相談を有意義にするには、自分が「知りたいこと、解決したいこと」を箇条書きにして持参するといいでしょう。焦点のぼけた相談、脈絡のない話は担当者を困らせます。

自分が抱えている問題について事前に下調べしておけば、担当者の説明が頭に入りやすく、質疑応答も効率的にできます。

◉年金相談にもセカンドオピニオン

1回の相談で納得できなければ、セカンドオピニオンをとりましょう。がん宣告されると、治療法についてセカンドオピニオンをとる人が増えています。

年金も同じです。年金事務所の担当者が、〝スキルの低い人〟、〝よくわかっていない人〟だったかもしれません。

別の年金事務所や金融機関が実施している年金相談に出向いて、担当者から受けた説明をぶつけてみましょう。

年金相談は、すでに年金を受給していてもかまいません。年金額のエラーが発見できれば、当局はさかのぼって訂正し、差額を振りこんでくれます。

◉冷静さが正しい判断を生む

4月は人事異動もあって、年金事務所の窓口は混乱が予想されるので避けるのが賢明です。比較的すいているのは、毎月1～10日ごろと17日以降、時間は朝一番か夕方のようですが、1時間は待たされる覚悟がいります。

年金機構の混雑予測にアクセスすると、くわしくわかります。また、年金請求には予約もできます。

年金事務所の相談員に対して、妙なお客風を吹かせたり、上から目線で話したりすることは避けたいものです。何の益にもなりません。

一番やってはいけないことは、感情的になることです。納得できないことを言われたからといって、不満を爆発させ「上司を出せ」などと声を荒げても、問題解決にはなりません。窓口の担当者が、年金に関する法律を変えることはできないのですから。

それに年金制度を細部まで理解するには、多くの経験を要します。エライ人より窓口の担当者の方がくわしいことが多いものです。

●「出ない」といわれた年金が出た

こんな例があります。

夫を亡くした人が、年金事務所で遺族年金の相談をしました。

夫は19年間のサラリーマン生活後、脱サラ。国民年金には5年加入していました。相談員は、遺族年金の受給条件について説明してから、「残念ですが、受給資格を満たしていません」と言いました。

遺族年金受給には、最低25年の加入期間が必要ですが、厚生年金19年、国民年金5年とあと1年足らなかったのです。

後日、彼女は市役所が主催する年金相談に出向きました。

「ご主人、会社に入られる前は大学生ですか」と社労士は訊きました。

「はい」

「それなら、年金はでます」

話はこうです。1991年3月以前に、20歳以上の学生は、国民年金に任意加入でした。そのため、学生だった夫は年金には加入しませんでした。

この20歳から大学卒業まではカラ期間になります。カラ期間とは年金額には反映されませんが、受給資格期間に算入される期間のことです。

夫の学生時代の2年間がカラ期間と認定されたので、年金加入期間は25年超になり、彼女には、遺族厚生年金が毎年100万円、生涯支給されることになりました。

法改正によって、老齢基礎年金は10年の加入期間で年金がもらえます。しかし、遺族基礎年金と遺族厚生年金の受給要件は短縮されていません。

従来どおり、死亡した人に25年以上の加入期間があることが受給要件です。

◉法律しか制度を動かせない

年金支給の可否は、法律が決めます。窓口の担当者が決定するのではありません。窓口の人は請求された内容を法律に照らし精査するだけです。

言い換えれば、受給できる法律（証拠）さえ、示せれば必ず支給されます。とはいえ、「年金法」は、素人には手に負えません。窓口で「出ませんよ」と自信たっぷりにいわれると、諦めてしまいます。その結果、深刻な経済的損失をこうむるかもしれません。

窓口の相談員すべてがエキスパートではないのです。嘱託やパート、社労士になりたてのアルバイトもいます。彼らにも知らないことが多く、複雑な年金法に右往左往しているのが実情です。

医師に誤診、裁判官に誤判があるように、相談員もエラーを犯さないとはいえません。窓口の回答に納得がいかなければ、そこで押し問答せず、セカンドオピニオンを求めて別の年金事務所に行ったり、年金に強い社労士に相談したりすることが大切です。

7章「今さら聞けない」年金の基礎

Q　年金の種類とはどういう意味ですか

A　公的年金は、「国民年金」「厚生年金」「共済年金」の3種類がありました。それが2015年10月から、共済年金と厚生年金は一元化され、国家公務員、地方公務員、私立学校の教職員は厚生年金に加入することになりました。

Q　基礎年金とは何ですか

A　「基礎年金」とは、国民年金から支給される年金で、年金の土台（基礎部分）です。もともと年金制度は、国民年金（自営）、厚生年金（サラリーマン）、共済年金（公務員）、と分立していました。

それを1986年に国民年金に一元化し、全ての国民は国民年金に加入し、基礎年金を受け取る制度になりました。これが「1階部分」の基礎年金です。

「2階部分」は、厚生年金と共済年金にわかれていましたが、2015年に厚生年金に一元化されました。

65歳に達すると、サラリーマンは、1階部分と2階部分から2つの年金を受給することになります。

Q　国民年金と厚生年金の違いは何ですか

A　国民年金は、フリーの人、自営業者、無職、農業、漁業の人などが加入しています。

一方、会社に勤める人、公務員、私立校の教職員が加入するのが厚生年金です。

厚生年金の加入者は、同時に国民年金（1階部分）にも加入しています。

企業は法人であれば株式、有限にかかわらず、従業員は必ず厚生年金に加入しなければなりません。従業員ゼロでも、社長はその企業に使われているという主旨から強制加入となります。

Q 「年金は3階建て」とはどういう意味ですか

A 公的年金の加入者は全員、1階部分の国民年金の加入者です。2階はサラリーマン、公務員、私立学校教職員が加入する厚生年金、自営業者のための国民年金基金です。

給与をもらっている被用者は、国民年金と厚生年金の2つに同時加入しています。

3階は企業年金（サラリーマン）と新たに生まれた「年金払い退職給付」（公務員）で構成されています。共済年金時代の職域加算分（公務員）は廃止されました。

Q 保険料を何年間払えば年金をもらえますか

A これまでの受給資格は、公的年金に最低25年間、加入することでした。それが2017年8月1日からは、10年に短縮されました。

この10年とは、国民年金、厚生年金などの被保険者期間の合計です。国民年金は年金制度の1階部分で、サラリーマンは国民年金と厚生年金に同時加入しています。

この国民年金から老齢基礎年金がもらえなければ、2階部分の老齢厚生年金ももらえない仕組みになっています。

国民年金の受給条件は、次の3つの期間を合計して最低10年あれば、受給資格があります。

1 保険料納付済み期間
2 保険料免除期間
3 合算対象期間(カラ期間)

最大の注意点は、10年に1か月でも欠けると、年金はゼロ円、つまり「無年金者」になることです。

「最低10年」とは1から3までの合計です。保険料免除期間やカラ期間だけの合計でも10年あれば年金は受給できます。

カラ期間とは合算対象期間ともいい、受給資格期間に加算できる期間ですが、年金額には反映されません。カラとは中身が空っぽということです。

たとえば、1991年3月以前の20歳以上の学生は、国民年金には任意加入でした。もし、その期間に未加入の期間があれば、それは受給資格期間に算入されますが、カラ期間になります。

Q　サラリーマンの年金の中身は何ですか

A　受給額は、3つの年金で構成されています。

1　現役時代の平均給与額と厚生年金加入期間をもとに算出する「報酬比例部分（老齢厚生年金に相当）」

2　厚生年金に加入していた期間をもとに算出する「定額部分（老齢基礎年金に相当）」

3　妻や子どもがいる受給者に支給される、扶養家族手当の性格を持つ「加給年金」

Q　年金はいくらもらえますか

A　計算式が複雑なため、受給額は簡易計算式を参照してください（**次頁図1**）。「報酬比例部分」は、「働いた期間の給与の平均額」と「加入期間」で算定されます。「報酬比例」と呼ぶように、在職中の給与の高さが年金額に比例しています。

正確な「定額部分」は、「1675円×加入月数×スライド率＝年金額」で計算されます。定額部分は、加入年数が同じなら、年金額も同じになります。これは国民年金の1階部分

図1　受給額

● 報酬比例部分

平均年収 × 0.55% × 加入年数

64歳まで 報酬比例分を受給
65歳から 老齢厚生年金を受給

例

平均年収　　450万円
加入年数　　40年

450万 ×0.55% ×40年 ＝ 99万

● 定額部分

1.9万円 × 厚生年金の加入年数(40年限度)

64歳まで 定額部分を受給
65歳から 老齢基礎年金を受給

加入年数のみが年金額に反映される。
年収の高低は年金額には関係なし

に相当します。

Q 厚生年金の保険料は、どのように計算しますか

A 年金の保険料率は毎年、0・354%引き上げられてきました。引き上げは2017年で終了し、2018年以降は18・3%で固定されます。なお、保険料は労使折半です。

保険料は「総報酬制」といって、給与と同じ保険料率でボーナスからも天引きされます。このように、厚生年金の保険料は、ボーナスを含めた年収の約9%が年間の保険料になり、これには国民年金の保険料も含まれています。

Q 年金は何歳からもらえますか

A 受給開始は生年月日によって異なります。受給開始の時期は、図表を参照してください（**次頁図2**）。

たとえば、1957年4月2日～1959年4月1日生まれの人は、63歳から65歳になるまで、厚生年金から報酬比例部分の年金がもらえます。

この年金を「特別支給の老齢厚生年金」といいます。

図2　会社員の年金支給開始年齢

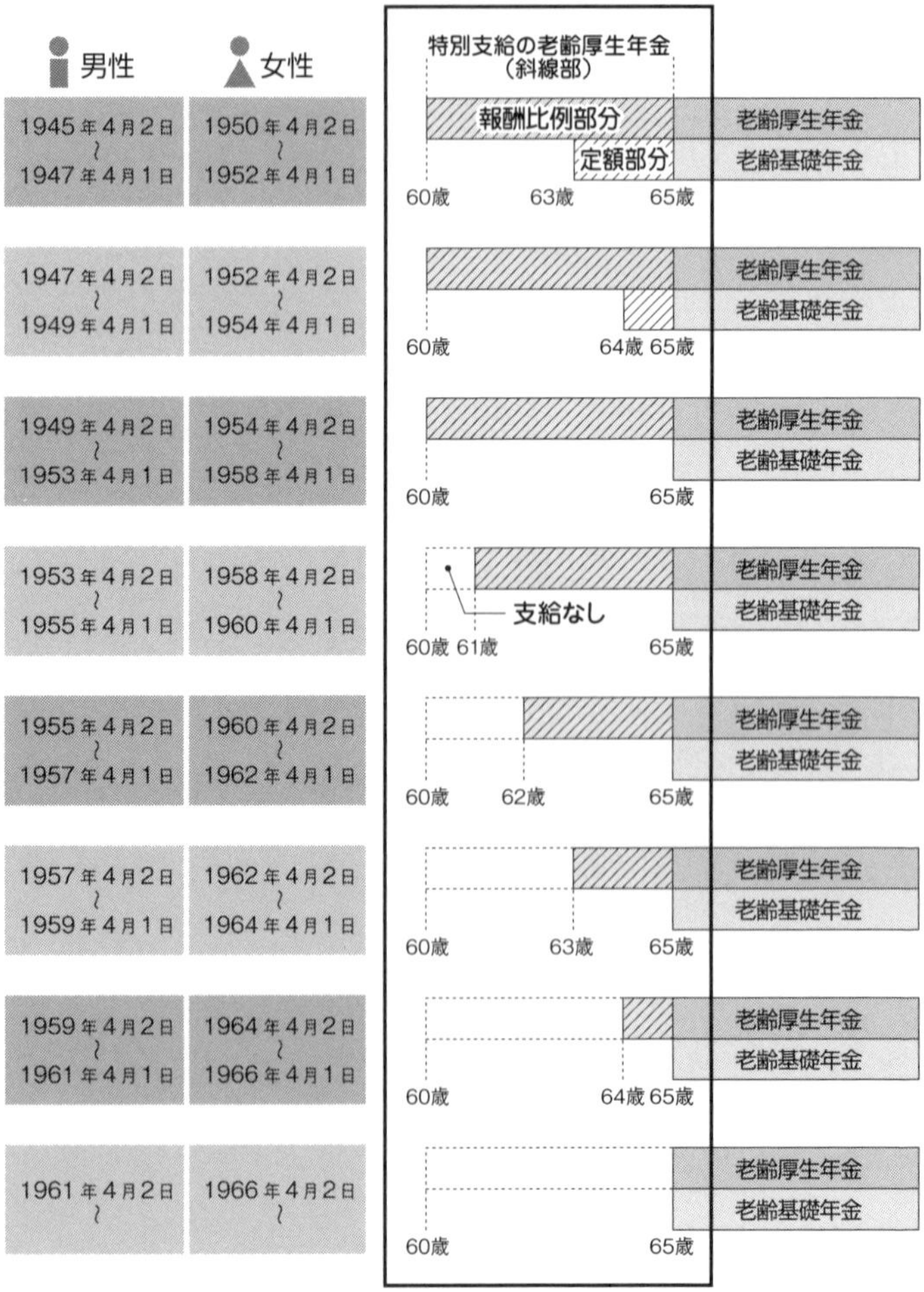

※共済年金は女性も男性と同じ生年月日を参照

そして65歳からは、年金の名称が老齢基礎年金と老齢厚生年金に変更になりますが、支給額は変わりません。この2つの年金は、死亡するまでもらえます。

Q 「特別支給の老齢厚生年金」とは何ですか

A 1985年の年金法改正前、厚生年金は60歳（女性は55歳）からの支給でした。それが65歳からに変わりました。

この変更は60歳の定年退職者にとっては、65歳まで「無年金」という大打撃ですから、経過措置が設けられました。

それは当分の間、60歳から「特別に」厚生年金（定額部分と報酬比例部分）を支給するというもので、徐々に支給年齢を引き上げることにしたのです。

これを「特別支給の老齢厚生年金」といいます。

現在、支給開始年齢の段階的な引き上げが進行中で、1957（昭和32）4月2日～1959（昭和34）年4月1日生まれの男性は、63歳から「特別支給」を受給できます（図2）。

なお、次の人は「特別支給」を勘違いして、受給できるのに請求をしていません。

・特別支給に繰下げ受給はありません。受給を65歳まで遅らせても、年金額は増えません。

・65歳前にもらうと繰上げ受給になり、減額されると思い、請求をしていない人がいます。特別支給がもらえるなら、すぐに請求してください。請求をすれば、さかのぼって一括で支払われますが、利息はつきません。

1961（昭和36）年4月2日生まれの男性が65歳になる2026年度以降、厚生年金は65歳支給に完全に移行します。

後述する繰上げ受給を申請しない限り、年金支給は65歳がスタート地点です。国民年金から老齢基礎年金、厚生年金から老齢厚生年金が、同時に支給されます。

人によっては60～65歳までの間、「収入の空白期間」が生じる場合があります。そこで、政府は年金支給がはじまる65歳まで、希望者全員の雇用延長を企業が認めなければならない法律を定めました。

一方、女性は5年遅れの1966（昭和41）年4月2日以降に生まれた人から、「特別支給の老齢厚生年金」はなくなります。

なお、雇用延長と定年延長は違います。雇用延長とは継続雇用制度ともいい、「勤務延長」と「再雇用」の2つがあります。

一方、定年延長とは、現在までの60歳定年制を65歳以上の定年年齢に引き上げるという意味です。

Q　何歳まで生きれば元がとれますか

A　支払った保険料と受給額の損益分岐点を探ってみましょう。

国民年金は、20～60歳になるまでの40年間が強制加入です。その間の保険料をすべて納付すると、65歳から満額で約78万円の年金が受給できます。

月額保険料は、２０１７年度価格で１万６４９０円。これを40年間支払うと、保険料総額は７９１万５２００円になります。

65歳から毎年約78万円もらって、総額７９１万円に達するのは、約10年先の75歳です。つまり、75歳まで寿命があれば元がとれます。それ以降は長生きすればするほど〝儲け〟になります。

２０１５年簡易生命表によると、65歳時点の平均余命は、男性19・46年、女性24・３１年です。数字の上では元が取れる年齢の75歳を、男女とも超えています。また、平均余命は、今後も伸びると予測されています。

Q　ずばり、国民年金加入は損か得か

A　加入はおトクです。理由は次のとおりです。

＊その1

20歳から60歳まで40年間の総払込額は、現在の保険料で換算すると、「月の保険料1万6490円×480か月（40年）」となり約791万円です。

仮に65歳から85歳まで20年間年金を受け取ると、「77万9300円×20年」で1558万円となり、ほぼ2倍です。

民間の個人年金保険ではとても実現できない〝超おトク〟な年金です。

＊その2

国民年金の最大の強みは、保険料の半分が税金で補てんされていることです。「半国営保険」と呼んでいいでしょう。

民間保険には1円も税金は投入されていません。

＊その3

年金といえば、老齢年金が真っ先に頭に浮かびますが、そのほかにもケガや病気に対する障害年金、加入者のもしものときの遺族年金と3つの保障（老齢・障害・遺族）がセットになっています。

これと同じ保障内容を民間保険でカバーするには、国民年金の3倍の保険料を支払うことになるでしょう。

＊その4

節税面でも収入から保険料全額が控除の対象になります。民間の生命保険では一律5万円（保険料10万円超で2011年までに契約）や一律4万円（保険料8万円超で2012年以降に契約）ですから、その有利性は歴然としています。

＊その5

国民年金は所得の少ない人に対して、民間保険にはない保険料免除という制度があります。この制度を使えば保険料を払わなくても、税金が投入されている分の年金がもらえます。

ついで言うと、国民年金は「厚生年金保険」のように語尾に〝保険〟がつきません。「国民年金保険」とはいわず、「国民年金」といいます。

なぜなら、厚生年金保険には保険料の免除制度がないからです。保険料の免除がある国民年金は保険扱いされていないのです。

結論として、国民年金保険料の支払いは、おトクという答えしかありません。

Q　会社が保険料を未納。どうなる?

A　会社が経営不振のため、社会保険料を給与から天引きしているにもかかわらず、役所に納付していないことがあります。

不服審査を申請すれば、未納分の保険料は保証されます。ただし、証拠として給与明細が要ります。不信な点があれば、会社を管轄する年金事務所に給与明細書を持参すれば、支払い状況を調べてくれます。

「アブない会社」だな、と思ったら、給与明細は捨てずに大切に保管しておきましょう。

8章　誰でもできる「年金増額法」

◉「年金増額法」の中身を点検

雑誌などには「おいしい年金増額法」がよく特集されています。本当に「おいしい」のか、その中身をチェックしてみましょう。

自営業者、主婦、定年退職者の年金増額法は、次の4つです。

1 再就職して厚生年金に加入
2 付加年金に加入
3 60歳からの任意加入
4 65歳から繰下げ受給

これら4つは、国も広報している平凡な手法です。「1」から「3」までは、保険料を支払うことで、将来の年金を増やすという、至極真っ当なものです。

年金の世界にも「おいしい話」はころがっていません。

多くの人の生活設計に問題が生じるのは、60歳から65歳までの「5年間」でしょう。この間、満額年金が受給できないからです。

この問題に最も効果的な対策は、「雇用延長」または「再就職」です。厚生年金に加入して働けば、給与がもらえ、年金も増えます。さらに、別の効果ももたらします。

妻が60歳未満の専業主婦であれば、夫が厚生年金に加入すると、妻は国民年金の第3号被保険者になれ、国民年金の保険料が免除されます。

第3号被保険者とは、会社員や公務員の配偶者で、年収が130万未満の人です。専業主婦やパートの人がこれに当たります。

国民年金の1か月の保険料は、1万6490円(2017年度)ですから、年間約20万円の節約になります。

仮に、夫が月給20万円で雇用延長か再就職すると、厚生年金の保険料は月額1万8300円(2017年度10月以降)です。この金額で、妻の国民年金の保険料がタダになります。

なお、60歳から5年間、月給20万円で厚生年金に加入すると、65歳からもらえる年金額は、約1万円アップします。ただし、年金をもらいながら働くと、「在職老齢年金」という制度にひっかかり、給与が高いと、年金が削られるおそれがあります。

◉付加年金は2年で元が取れる

「2」の「付加年金に加入」という年金増額法は、国民年金の保険料に400円上乗せして払う方法です。

これで本来の年金に上乗せした年金がもらえます。これが「付加年金」で、81万人(2015年3月)が加入しています。

この制度には自営業者など、国民年金の加入者しか入れません。厚生年金の被保険者であるサラリーマンは加入できません。

また、次の人たちも本来の保険料を納めていないという理由から、付加年金制度には加入できません。

・国民年金保険料の滞納者。
・国民年金保険料の免除者。

●いくらふえるのか

付加年金は、老齢基礎年金と一緒に支給され、その増加分の年金額は「200円×保険料納付月数」です。

つまり、月400円の付加保険料が、月200円の年金として戻ってきます。インフレを考慮せず単純計算をすれば、2年で投資した保険料が回収できます。

65歳から老齢基礎年金をもらうなら、2年後の68歳からはあとは、長生きすればするほど丸儲けです。なお、年金をもらいながら、付加年金制度に加入することはできません。

●40年掛けると20倍に大化け

付加年金に40年加入すると、納付した保険料総額は19万2000円（400円×40年×12か月）になります。

一方、受け取る付加年金は、年に9万6000円（200円×40年×12か月）、月に8000円（9万6000円÷12か月）です。

つまり、月400円の保険料を40年間払い込むと、月額8000円の年金になって戻ってくるので、20倍に大化けしたことになります。

毎月400円を40年間、納付する長期投資で20倍のリターン。インフレは無視していますが、この投資をどう見るか、それは人それぞれでしょう。

ただ、元本割れをきたすような投資リスクは、ほぼゼロに近いといえます。総合的に判断すれば、自営業者にとって、毎月400円の上乗せ出費は、十分検討に値する「年金増額法」といえるでしょう。

9章　60歳からの任意加入の特典

◉無年金者から脱出

年金をもらうには、保険料を10年以上納付していることが必要です。この10年には、保険料免除期間やカラ期間も含みます。ただし、カラ期間は年金額には反映されません。

10年に1か月でも欠けると、年金ゼロの無年金者になります。サラリーマンの場合、最低10年の納付期間があれば、国民年金から老齢基礎年金、厚生年金から老齢厚生年金がもらえますから、保険料は掛け捨てにはなりません。

10年に達しない人に対する救済策が任意加入制度で、60歳から64歳までの5年間、自らの意思で制度に加入できます。

たとえば、加入期間が8年の人なら、2年任意加入すれば、受給資格ができます。この段階で脱退してもいいし、さらに3年任意加入すれば、3年分の年金が増えます。

65歳になるまで加入しても、まだ10年に満たない人には、70歳まで加入できる「特例任意加入」という最後の方法があります。

ただ、これは年金を増やす目的には使えず、受給資格を得た時点(10年達成)で加入資格を失います。

◉任意加入1年で年額1・9万円増える

国民年金に1年、任意加入すると、年金はいくら増えるのでしょう?

40年の加入で約78万円の年金がもらえるので、1年加入すると、約1・9万円(78万円÷40年)、年金が増えます。

この任意加入制度は、国民年金に40年加入していない人の、不足年数を補う手段としても使えます。

年金は最低10年間の加入でもらえますが、年金額をもっと増やしたいときは、60歳から65歳の受給開始まで任意加入すれば、65歳からの年金は、1年加入で年額約1・9万円、増額します。

1年間、保険料を納付すると、19万7880円（2017年度）になります。この1年間の保険料（19万7880円）が約1・9万円の年金として戻ってくるので、投下保険料を回収するには、約10・4年（19万7880円÷1・9万円）かかることになります。

つまり、65歳から受給すると、10・4年後の75歳で全保険料を回収し、76歳以降の年金は、〝儲け〟になります。これが国営の任意加入制度の中身です。

任意なので「加入する・しない」は自由です。加入でトクするには、加入者に76歳以上の寿命があることがカギです。

10章「国民年金vs個人年金」どちらがトクか

国民年金の保険料を払っていない人の言い分は次のようなものです。

◉元本割れに加入するバカ？

「自分が年金を受給する頃には、今と比べて格段に低い給付額になっている。支払った保険料も回収できない。そんな元本割れの保険に加入するバカがいますか？　国に保険料を払うくらいなら、民間の個人年金に入るほうがトクだ」

この〝不払いの論理〟は一定の勢力をもっています。

サラリーマンの場合、厚生年金に加入すると、自動的に国民年金にも加入します。そして、厚生年金保険料には、国民年金の保険料も含んでおり、それらは給与から天引きされます。サラリーマンでいる限り、年金制度から脱出はできません。

ここではフリーターや無職、自営業の人が、国民年金の保険料を払う代わりに民間の個人年金に加入していることについて、その判断が正しいかどうかを検討してみましょう。

政府調査によれば、国民年金保険料未払いの約11％の人が、民間の個人年金に加入しています。その理由は、国の年金は信用できないし、割りにあわないということです。

この「不払いの確信犯たち」の判断が正しいかどうか、検討してみましょう。

個人年金の加入者は、保険料の支払いに行き詰まっても、保険料の免除や滞納は認められません。契約不履行となってしまいます。

一方、国民年金の加入者の場合、失業給付を受けると、保険料は無条件で免除されます。この免除期間は、受給資格期間に算入されますから、経済的に余裕ができたとき、後納することができます。

◉国から1円の補助も出ない

さらに国民年金の給付は、半分を税金でまかなう仕組みですから、保険料を全額免除されている人でも、保険料を納付した人の半分の年金（税金分）はタダでもらえます。

民営の個人年金は、契約者の掛金と保険会社の運用益だけで運営されており、契約上の保険金しか支給されません。

保険金には1円も税金が入っていませんから、国民年金より有利なはずがないのです。

いっとき、大ブームになった変額個人年金は、リーマン・ショックの影響で外資系が販売停止に追い込まれるなど、契約者には頭の痛い問題が発生しています。

◉「節税力」を比較してみよう

個人年金の所得控除は、支払った保険料の5万円までですが、国民年金は全額（2017

年度は年額約20万円）が認められます。節税力の違いは明白です。

◉国の破たんと個人年金

国民年金の代わりに個人年金に加入している人たちは、個人年金で資産運用をしているつもりのようですが、認識不足といわざるをえません。

「年金不安」をあおる雑誌記事が氾濫しています。たとえば、

・公的年金は破たんする。
・将来、年金はもらえない。

こうしたキャチーな記事に踊らされてはいないでしょうか。

確かに、日本の財政収支は大赤字です。約58兆円の税収（2016年度）に対して、歳出は97兆円です。不足分は国債を発行してまかなっています。これによって、年金の支給もつつがなく実行できています。

国債の買い手がいなくなったとき、財政破たんに陥りますが、国が破たんすれば、銀行など金融機関も必ず破たんします。

国がつぶれたら、個人年金を運営している金融機関も必ずつぶれるのです。民間保険会社の安定性は、国という土台の上で成り立っているからです。

11章　気をつけよう！「月末退職」は損

◉その1

＊月末退職は保険料を2か月分とられる

社会保険料の支払いは月単位で、日割り計算はしません。たとえば、31日に入社しても、1か月分の保険料がかかり、それは翌月の給与から天引きされます。

被保険者の資格を失うのは退職日ではなく、退職日の翌日です。そして、社会保険料は、資格喪失日の属する月の「前月」までを支払います。

たとえば、10月30日が退職日なら、翌31日が資格喪失日になるので、保険料は喪失日（31日）の属する10月の「前月」の9月分を支払います。

1日遅れの10月31日に退職すると、どうなるでしょうか。

資格喪失日は11月1日ですから、喪失日の属する11月の前月10月分と9月分（退職月の前月分）の保険料を支払わねばなりません。

つまり、月末退職以外は、退職した月の前月分の保険料だけで済みますが、月末退職の場合に限り、退職月の前月と退職月の2か月分の支払いとなります。

＊月末退職を避けて保険料の節約

民間企業の定年退職日は就業規則により、誕生月の末日を退職日とするのが一般的です。一方、任意退職の場合は、自分で退職日を決められます。

月末退職を避けると1か月分、社会保険料を多く取られずに済みます。

1か月分の社会保険料は、給与（正確には標準報酬月額）の約14％前後ですが、給与明細をみれば、正確な金額がわかります。

月末退職を避けても、退職月に再就職すれば、当月から社会保険料がかかります。また厚生年金から国民年金に移った場合は、30日に退職すれば、31日の資格喪失日の月から国民年金保険料を払わねばなりません。

国民健康保険に加入する場合も、退職日の翌日（資格喪失日）に属する月から保険料を徴収されます。手続きをした日からではありません。

なお、月末を避けた退職にはデメリットもあります。保険料1か月分を浮かせると、厚生年金の加入期間が1か月分減るからです。

厚生年金は「20年加入」すると、加給年金という特典がつきます。1か月不足してこの特典を逃すと、大損害です。

また、加入期間35年の平均モデルで概算すると、年金が約1万円減ります。年金受給開始から20年生きれば、20万円の損失です。

＊会社にもメリットがある

社員が月末退職すると、会社は1か月分、保険料（社員と同額）を余分に負担せねばなりません。このことから、年金事務所や健保組合に月末退職として届け出ない会社もあると聞きます。社員には内緒に1日前に退職したことにするのです。

退職日を確認したい場合は、年金事務所で教えてもらえます。健康保険では、「資格喪失証明書」を会社からもらえばわかります。この証明書は、国民健康保険に加入するとき、市区町村に見せる必要があります。

◉その2

＊年金1か月分が吹っ飛んだ

年金の受給権が発生するのは、誕生日ではありません。なぜなら、満年齢の数え方は法的には、「誕生日の前日」となっています。

支給は受給権の発生した月の翌月からです。たとえば、10月4日が65歳の誕生日なら、

3日が65歳になる日で、その日に受給権が発生しているので、年金支給は11月からです。

＊在職老齢年金受給者の辞め方

在職老齢年金とは、厚生年金に加入して働きながら、受給する老齢厚生年金のことです。給与や年金が多いと、年金の減額や全額支給停止の措置がとられます。

さて、年金をもらいながら働いている人が、月末に退職すると、厚生年金の資格喪失日は翌月の1日になります。

在職老齢年金の減額措置や支給停止の解除、さらに在職中の年金加入期間分を上乗せした年金額の改定が実行され、それが年金額に反映されるのは、資格喪失日の属する月の翌月からになります。

たとえば、老齢厚生年金を減額受給していた人が3月31日に退職すると、資格喪失日は4月1日になるので、4月分の年金は従来通り減額された年金が支給されるか、支給停止の場合ならそのままで、5月分から満額支給になります。

言い換えると、前日の3月30日に退職すれば、31日が資格喪失日になり、翌月の4月から満額支給になります。全額支給停止の人なら、これで1か月分の年金がトクになります。

このように月末退職を避けると、1か月早く満額受給ができるのです。

＊月単位で計算される

社会保険料は月単位で計算し、資格喪失日の属する月の前月までを払えばいいので、３３０日退職なら、３月分の厚生年金保険料と健康保険料は払う必要がありません。前月の２月分だけでいいのです。

月末退職を避けると、１か月分の社会保険料が節約できます。ただし、「退職日は月末にする」と就業規則で決まっている場合は、月末退職を避けることには無理があります。

また、月末退職をさけると、給与と退職金の扱いについて何か不利益が生じないか、賃金規定を参照したり、給与課に問い合わせたりすることも必要になるでしょう。

＊国民年金保険料は誕生日の前月まで

自営業者などが加入する国民年金の保険料は、60歳になる日の属する月の前月分までを支払えばいいのです。満60歳になる日とは、法律で「誕生日の前日」と決まっています。

たとえば、11月21日が誕生日の人は、11月20日が60歳になる日ですから、保険料の支払いは前月の10月分までとなります。

口座振替の場合は、11月末の引き落とし（10月分）が最後です。

なお、「1日生まれ」だけが例外です。たとえば、11月1日生まれは、前日の10月31日に60歳になるので、「60歳になる日の属する月の前月分まで」、つまり9月分までを支払えばよく、1日の差で1か月分の保険料が得します。

年金増額のために60〜64歳まで任意加入できますが、加入期間が40年（480か月）に達すればフル加入になるので、これ以上保険料を払っても年金額は増えません。

昔は年金事務所から連絡がなく、過剰に納付した保険料の返還もないという理不尽さでしたが、やっと改められました。

＊年金は日払いナシ、月単位の支払い

年金は受給の権利が発生した月の翌月から権利の消滅した月まで支給されます。つまり65歳支給なら、誕生月の翌月から死亡月までが支給期間です。

年金の支給日は偶数月の15日で、2か月分ずつ、支給月の前月分までが振り込まれます。たとえば、9月15日の支給分は、7月分と8月分です。

寝たきりで人工呼吸器をつけて延命治療を受けている老人の年金は、老齢基礎年金、老齢厚生年金、企業年金の合計で月額30万円です。

医療費は集中治療室での治療のため、月額１００万円を超えましたが、健保の高額療養費制度（**図３参照**）のおかげで、窓口負担は数万円で済みました。

入院費、雑費等を年金から払っても20万円は優に残ります。延命治療を受けさせている真の理由がここにあるのかもしれません。10月31日23時。老人は危篤状態になりました。あと1時間で11月です。老人は0時過ぎに息を引き取りました。

＊10分で30万円の荒稼ぎ

年金は死亡月まで月単位で支給され、日割り計算はしません。11月1日午前0時10分に死亡しても、11月分として1か月分が支給されます。10月31日23時59分の死亡なら、10月分の支給になります。

10分長生きして11月分の年金30万円を家族に残したのです。

10月15日に老人の口座に振り込まれた年金は8月、9月分です。老人は11月1日に死亡したので、10月、11月分は受給の権利は発生しています。

＊死亡後の未支給年金

この10月、11月分は、遺族が老人ではなく遺族の名前で「未支給の年金請求」という形

図3　高額療養費制度

所得区分	月単位の上限額
年収約1,160万円以上 標準報酬月額83万円以上	252,600円＋ （医療費 -842,000円）×1% 「140,100 円」
年収約770万以上～約1,160万円 標準報酬月額53万～79万円	167,400円＋ （医療費 -558,000円）×1% 「93,000円」
年収約370万以上～約770万円未満 標準報酬月額28万～50万円	80,100 円＋ （医療費 -267,000円）×1% 「44,400円」
年収約210万以上～約370万円未満 標準報酬月額26万円以下	57,600 円 「44,400 円」
年収約 210 万円未満 低所得者（住民税非課税）	35,400 円 「24,600 円」

＊「」は直近12か月で4回目以降の額

をとります。請求できる権利者は、故人と生計を一にしていた遺族（配偶者、子ども、父母等）です。

「生計を一にする」とは、生計維持関係よりはゆるく、故人と少しでも金銭上の関係があればよく、別居していてもかまいません。

数年前、すでに死亡しているのに、年金のために生きていることにされた親たちのことが事件になりました。

意識もなく寝たきりのお年寄りに生命維持装置を使って延命を図る家族がいます。家族の思いはわかりませんが、植物状態であろうと、年金が支給されることに問題はありません。

なお、年金給付が月単位なら、保険料負担も月単位で日割り計算はしません。1日しか勤務していなくても、社会保険料は1か月分、しっかり取られます。

12章　加給年金の旨みを知ろう

◉年金から「扶養手当」がでる

厚生年金に20年以上加入していた人が65歳になり、老齢年金を受給する時点で、配偶者（妻または夫）や子どもがいる場合、扶養手当の性格を持つ「加給年金」が上乗せして支給されます。

受給条件は、次のとおりです。

1 厚生年金の加入年数が20年以上あること

2 配偶者が65歳未満

3 配偶者が老齢基礎年金を受給していない

4 配偶者が850万円以上の年収がない

「4」は生計維持の要件で、年収850万円未満なら要件クリアです。加給年金の生計維持関係は、社会保険の扶養から外れる130万円や、税金の配偶者控除の103万円とは関係ありません。

なお､戸籍上の配偶者である必要はありません。事実婚でも要件を満たします。ただし、住民票に未届けの妻（あるいは夫）と記載があるなど、一定の証明が必要です。住民票に記載されるには、郵便物などで同居していることを市区町村に証明する必要があります。

子ども（法的な養子も可）がいる場合は、次の通りです。

1　18歳到達年度の末日までの間の子ども（3月に高校を卒業するまで）
2　1級・2級の障害の状態にある20歳未満の子ども

なお、子どもだけでも加給年金は支給されます。

◉加給年金の額

65歳から支給される加給年金は、老齢年金と一緒に支給されます。その金額は22万4300円（2017年度）と、特別加算16万5500円の合計額として、年間38万9800円（2017年度）です。

該当する子どもを扶養していれば、2人目までは各22万4300円（2017年度）、3人目以降は各7万4800円（同）が上乗せ支給されます。

支給期間は、配偶者（妻または夫）が65歳になるまでです。

◉妻が年上は損？

仮に妻が10歳年下であれば、妻が65歳に達するまでの10年間、支給されます。3歳年下の場合は3年間です。

夫が65歳になり老齢年金の支給が始まっても、夫婦が同じ年や妻が年上の場合には、夫に加給年金は支給されません。妻が年上で65歳以上であれば、妻が65歳未満という支給要件を満たしていないからです。

この場合は、老齢基礎年金を受給している妻に、いきなり振替加算（後述します）が支給されるようになります。

【ココを外すともらえない】

◉その1　熟年結婚は65歳前に

加給年金の受給には、自身が65歳になる前に配偶者がいるかどうか。これが最大のポイントです。

65歳前に結婚していれば、配偶者が65歳に達するまで、毎年約39万円の加給年金が支給されます。若い人と結婚すれば、受給期間は当然長くなります。

余談ですが、海外の物価の安い国では、若い妻や子どもと年金で暮らしている日本人の老人がいます。自身の年金のほかに加給年金（妻と子ども1人で約61万円）がもらえるから、悠々自適に暮らせるということです。

65歳以降に結婚（再婚）すると、配偶者が65歳未満でも加給年金は支給されません。熟年結婚するなら、65歳前がおトクです。65歳直前の駆け込み結婚でも、加給年金は支給されます。

離婚すると、支給対象の配偶者がいなくなるのですから、加給年金はその時点から支給されなくなります。

◉その2　退職は20年加入後に

加給年金の受給条件のひとつは、「厚生年金に20年以上加入」です。もうすぐ加入20年になる人で、脱サラを予定しているなら、少し遅らせて「20年以上」になってから退職するというのも賢い手です。

また、会社員を19年6か月で辞めた人なら「あと半年の加入期間」があれば、受給できます。60歳を過ぎていても、厚生年金のある会社で働けば「20年」になります。

その会社から得る給与のほかに、配偶者が65歳になるまで加給年金が約39万円、高校生までの子どもがいれば、1人につき約22万円が支給されます。

妻が65歳になると、加給年金はなくなりますが、妻には一生振替加算が支給されます。

◉その3　加給年金が停止される

＊夫婦共働きの場合

夫婦とも厚生年金に20年以上加入している場合、注意が要ります。妻に老齢厚生年金が支給されると、夫の加給年金が支給停止になるからです。

夫婦とも厚生年金に20年以上加入しているなら、相当な年金がもらえるものと考えられるので、扶養手当である加給年金は必要ないとみなされるからです。

妻の厚生年金の加入期間を「20年以上」にするかどうか、検討する必要があります。19年11か月と20年では「小さな違い」ですが、これこそ夫の加給年金の支給にかかわる「大きな違い」です。

それだけではありません。

加給年金は配偶者が65歳になると支給が終了し、後述する振替加算にかわるのですが、その振替加算も支給されません。

今の仕事を継続して加給年金と振替加算を捨てるか、退職して夫の加給年金を得るか、その受給年数は何年か。

20年を超えて働き続ければ給与がもらえ、将来の自身の老齢厚生年金も増えます。もちろん、第3の道の厚生年金に加入しない働き方をすれば、「加入期間20年」にはなりませんから、夫の加給年金は支給されます。

夫婦共働きの場合は、年金加入歴や年齢差などが受給総額に影響をあたえるので、年金事務所にコンタクトして早めに情報を集めて慎重に検討しましょう。

＊65歳以上の在職老齢年金

厚生年金に加入しながら、受給する老齢年金を「在職老齢年金」といいます。この在職老齢年金は、給与と年金の合計が一定額を超えると、年金がカットされます。

65歳から加給年金が老齢厚生年金に上乗せして支給されますが、ボーナス込の給与と老齢厚生年金の月額の合計が47万円以下のときは、年金カットはありません。

47万円を超えると、超えた額の半分がカットされます。給与が高くて在職老齢年金が全額カットになると、加給年金はでません。

本体の年金が出ないのですから、加給年金だけがでることはありえません。

◉振替加算とは何?

「夫の年金がガクッと減ったが、なぜか?」

という問い合わせが、年金事務所によく寄せられます。これは夫の加給年金の支給が終了し、65歳になった妻に対し、振替加算がはじまったことが原因です。

このように、加給年金は配偶者が65歳になり、老齢基礎年金を受給するようになると打

図4　夫の「加給年金」から妻の「振替加算」に

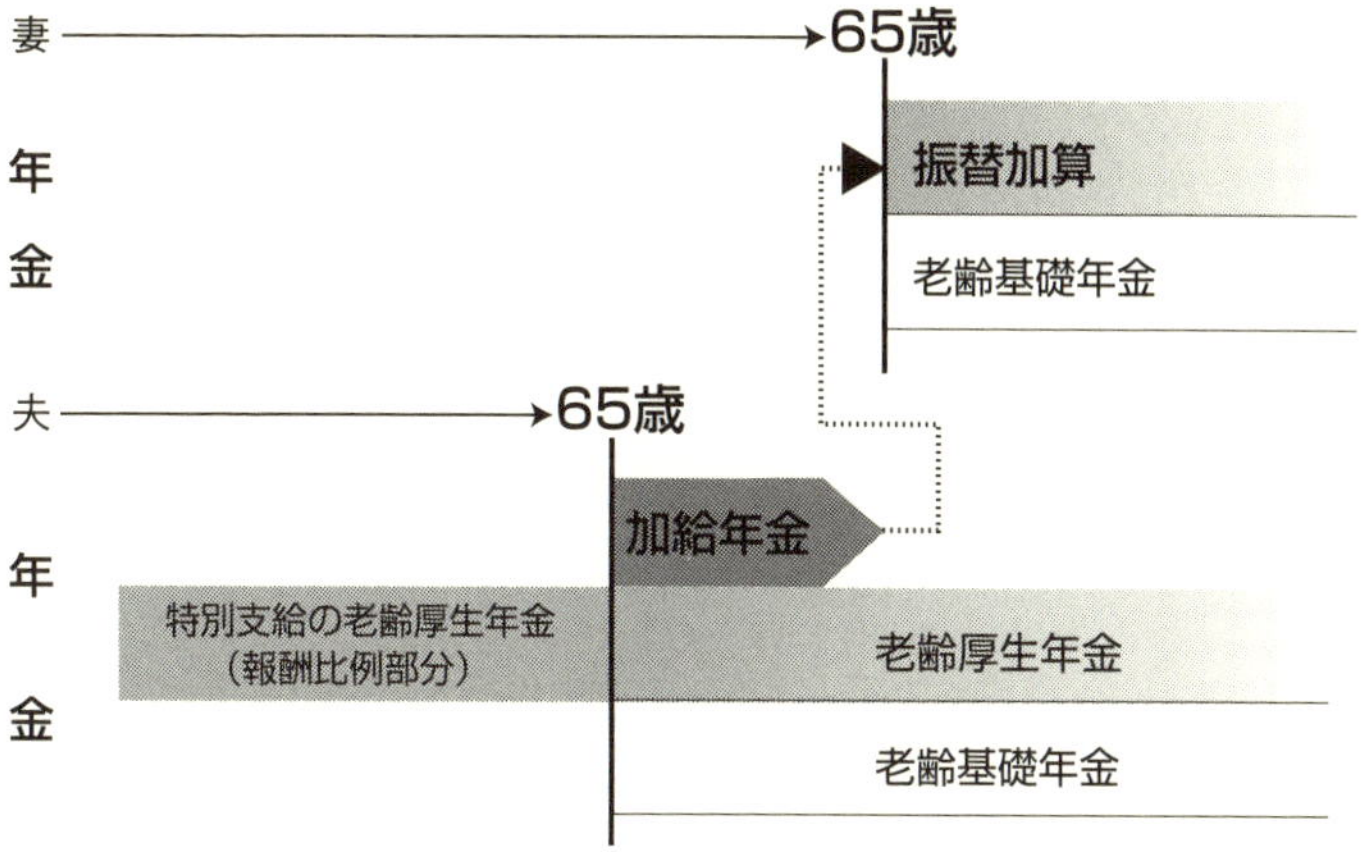

ち切られます。しかし、配偶者には「振替加算」が支給されます（**図４**）。

加給年金が「振り替わった」形をとるので「振替加算」と呼ばれますが、支給額は加給年金よりはるかに低額です。

その額は配偶者の生年月日によって決まっており、２０１７年に65歳になる１９５２年４月２日〜１９５３年４月１日生まれの人には、６万８８６０円（２０１７年度）が支給されます。そして１９６６（昭和41）年４月２日以降生まれ（現在51歳より下）の人からは、振替加算はなくなります。

◉妻が年上の場合

妻が年上の場合、夫に対し加給年金の支給はありませんが、振替加算は妻に支給されます。たとえば、夫が2歳年下の場合、夫が老齢年金を受給する65歳になると、67歳の妻には老齢基礎年金に上乗せして振替加算の支給がいきなりはじまります。

この振替加算はいったん支給がはじまれば、離婚しても支給停止にはならず、生涯受給できます。女性の熟年離婚は、振替加算後にというのもひとつの考えです。

◉なぜ起きた？ 支給漏れ

２０１７年９月、過去最大級の「支給漏れ」が発覚しました。約10万人に対して、約５９８億円の支給漏れですが、その中身は振替加算でした。

原因は共済年金と加給年金を支給する共済組合と、振替加算を支給する年金機構の間の連携ミスです。

本来は配偶者が65歳に達すると、年金機構が老齢基礎年金と振替加算を同時に支給するのですが、組織間の連携ミスによって、振替加算が支払われていなかったのです。

年金機構は対応策として、未払いの人に11月上旬に郵送で通知することにしました。

13章　世界一ラクな年金請求手続き

◉金融機関に手伝ってもらおう

日本年金機構は、「年金裁定請求書」を支給開始年齢に達した人に、誕生日の3か月前に送付しています。もし、その頃に裁定請求書が届かなければ、電話（0570－05－1165）で問い合わせましょう。

請求手続きは裁定請求書に必要事項を記入し、戸籍抄本を添付し送り返せば、2～3か月後から年金支給がはじまります。

裁定請求の手続きは、難しくはないが面倒なものです。そこで、金融機関に手伝ってもらいましょう。

年金の受け取り口座に指定するだけで、裁定請求手続きを無料で代行してくれる金融機関があります。とくに、信用金庫や地方銀行は、年金口座がほしくて仕方がないので、親切に対応してくれる可能性大です。

ある銀行は受給権の発生前の人に次のようなサービスを提供しています。

1　社労士に電話（通話料無料）で年金相談ができる
2　社労士が対面で個別に年金相談に応じてくれる（予約制）
3　年金制度改正などの最新情報やシルバーライフのために役立つ情報を定期的に知らせてくれる

4　時期が近づいたら年金受給手続きの案内がくる

年金200万円の客を10人獲得すれば2000万円の預金獲得になります。これを10年キープできれば2億円です。さらに、その顧客たちに、投資信託などの金融商品を販売すれば、手数料を稼げます。

気がかりは、年金受け取り口座の変更が可能かどうかでしょう。口座変更は、書類1枚を年金機構に提出するだけでいつでもできます。

裁定請求手続きを手伝ってもらった金融機関から従来の取引先に年金口座を変更したければ、遠慮なく手続きしましょう。実は年間、かなりの変更届が提出されています。

◉特別支給の年金は即請求

現在は特別支給の老齢厚生年金が支給されていますが、支給開始年齢の引き上げが進行中です。

1957（昭和32）年4月2日～1959（昭和34）年4月1日の間に生まれた男性（女性は5年遅れ）は、63歳から65歳未満までの2年間、特別支給の老齢厚生年金（報酬比例部分のみ）がもらえます。

1959（昭和34）年4月2日～1961（昭和36）年4月1日の間に生まれた男性は、64歳から受給できます。

65歳になると、老齢基礎年金と老齢厚生年金の2つが支給されます。

特別支給の年金には繰上げ・繰下げ支給はないので、すぐにもらっていいのです。65歳まで待っても割増しも利息もつきません。

1961（昭和36）年4月2日以降の生まれの人からは、「特別支給」はなくなり、「65歳支給」となります。

【請求を忘れやすい年金】

◉その1　厚生年金基金

厚生年金基金とは企業年金のひとつで、老齢厚生年金の報酬比例部分の一部を国に代わり運用するとともに、企業独自の加算を実施しています。

2015年3月末で加入者は約363万人です。基金のある会社に勤めた人は、基金が国に代わって支給する「代行部分」と企業独自の「上乗せ給付」をもらえます。

年金事務所が行う年金額の試算には、基金からの支給分が入っていないため、「年金額が思ったより少ない」と驚く人が大勢います。

年金事務所では、基金から支給される老齢厚生年金の額を把握できないのです。本人の正確な受給額は、基金の分との合算額です。

＊基金への手続き

国民年金や厚生年金を支給する年金機構と基金は、全く別の組織です。したがって、年金事務所では基金について、一切の手続きはできません。

基金に加入していた人は、国と基金の両方に請求手続きをしましょう。基金への請求手続きの方法は、基金ごとに決められています。

基金のある会社に10〜15年以上勤めた人は、その基金に請求します。一方、勤務年数が10年未満で転職した人（中途脱退者）や、廃業などにより基金が解散した人は、企業年金連合会に請求します。

まず、国に裁定請求し、年金証書（裁定通知書）を発行してもらい、そのコピーを添えて基金へ請求します。ただ、「企業年金連合会」への請求には、このコピーは要りません。

＊基金に加入していたか？

では、基金に加入していたかどうかわからない場合はどうすればいいのでしょう？

全ての会社に基金があるわけではありません。

基金に加給していれば、給料明細書に健康保険料などの欄の他に厚生年金基金保険料の欄があったはずです。

そのほか、裁定通知書の右肩に「被保険者の種別」欄があります。ここの「基金1〜3種」に数字が印字されていれば、加入期間があるので、連合会に問い合わせてみましょう。

＊1500億円超の未払い

10年前の2007年に、約124万人、総額1544億円の厚生年金基金の未払いが明るみに出ました。124万人とは、受給資格を持つ人の3割にも当たります。

未払いの理由は、受給権者の申請主義と、企業年金連合会の「申請待ちの体質」にあります。自分が基金から年金をもらえることを知らない人も大勢いるのでしょう。

先の報道を受け、企業年金連合会は、支給義務がある中途脱退者の年金の支払い漏れ対策として、08年4月から社会保険庁（現日本年金機構）から現住所の情報提供を受け、本人に直接通知する方針を決めました（08年2月27日「日経新聞」）。

しかし、基金を15年未満で脱退、もしくは解散した基金の受給権者である「中途脱退者」は、06年度で約2700万件という膨大な数にのぼります。心当たりがあれば、こちらから連絡するようにしましょう。

年金は待っていても「自動的には」振り込まれません。基金の年金は加入期間が1か月以上なら支給されます。

連合会に移管された厚生年金の代行部分の平均年金月額は4735円、上乗せ分の平均年金月額は1819円、合計で約6550円（年額約7万8600円）になります。

なお、年金をもれなく請求するには、次の3点に留意しなければなりません。

1　日本年金機構（厚生年金の裁定請求）

2　年金基金（長期に加入していた基金の場合）

3　企業年金連合会（短期に加入していた基金の場合）

◉その2　厚生年金をやめた人

厚生年金の加入期間が1年未満の人は、64歳までの特別支給の老齢厚生年金はもらえません。厚生年金に1年以上加入していることが、受給条件だからです。

65歳になると、老齢厚生年金と老齢基礎年金（国民年金）を同時に受給できます。たとえば、厚生年金の加入期間が1か月しかなくても、65歳から1か月分の老齢厚生年金と、老齢基礎年金（加入月数分）が同時に支給されます。

1963(昭和38)年生まれの女性が3年間、厚生年金に加入後に退職し、専業主婦として国民年金に35年加入した場合、年金は次のようになります。

1 63歳から特別支給の老齢厚生年金(加入期間の3年分の報酬比例部分)が64歳まで支給されます

2 65歳から老齢厚生年金(3年分の報酬比例部分)と38年分の老齢基礎年金が支給されます

「38年分」とは、厚生年金の被保険者は国民年金にも同時加入しているから、その3年間と国民年金の加入年数35年間の合計です。

「1」の特別支給の老齢厚生年金(報酬比例部分)の支給開始年齢は、徐々に引き上がります。

男性は1961(昭和36)年4月2日生まれ以降、女性は5年遅れの1966(昭和41)年4月2日以降生まれの人からは、特別支給がなくなり、65歳からの受給となります。言い換えると、それ以前に生まれた人は、生年月日によって65歳になる前から特別支給の年金がもらえます。

◉その3　妻のOL時代の厚生年金

結婚前に会社勤めをしていた場合、給与から厚生年金保険料が天引きされていました。その保険料は年金に反映されるのでしょうか？

もし、公的年金に10年以上加入して、老齢基礎年金の受給資格があれば、会社員時代に払った保険料は年金として反映されます。

厚生年金に1か月でも加入していれば、その分は65歳から老齢厚生年金として生涯もらえます。保険料は掛け捨てにはなりません。

結婚生活中に再び厚生年金に加入し働き始めた場合には、その分の加入期間も過去の加入期間と合算されます。

なお、厚生年金に1年以上加入していれば、65歳になる前から受給できる「特別支給の老齢厚生年金」がもらえる場合もあります。

59歳の誕生日に送られてくる「ねんきん定期便」に注意してください。

「ねんきん定期便」とは年に1回、誕生月にハガキで送られてくる「被保険者の年金に関する履歴書」です。35歳、45歳、59歳の節目には詳しい内容の封書が届きます。

年金は受給の権利があっても、請求しなければ永遠に振り込まれません。申請の手続きをしっかりとりましょう。

14章　定年までに知っておくべき重要ポイント

◉年金は3段階で支給される

現在、特別支給の老齢厚生年金が支給されています。1957年4月2日〜1959年4月1日生まれの男性は、次のように年金の支給が変遷します。

1　60歳〜62歳　↓　無年金
2　63歳〜64歳　↓　特別支給の老齢厚生年金の報酬比例部分が支給される
3　65歳〜　↓　国民年金から老齢基礎年金、厚生年金から老齢厚生年金が同時に支給されます

なお、老齢厚生年金とは報酬比例部分が名称を変えただけで、支給額は変わりません。

2026年（平成38）年4月1日からは、「特別支給」の年金は完全になくなり、1961年4月2日（女性は5年遅れ）以降に生まれた男性は、65歳からの受給になります。

◉カットされる年金とは

定年後に厚生年金に加入して働きながら年金をもらうと、給与額によっては、年金が減らされる場合があります。

たとえば、こんな例です。年金支給停止の通知が、60歳になった有名司会者に届きました。「ボクはもらえない」と司会者はテレビで嘆いてみせました。

時給50万円超の彼にとって、年金の支給停止は痛くもかゆくもないでしょう。

この司会者は、自分の会社から多額の給与をもらっているため、年金が全額ストップされたのです。

厚生年金に加入し、働きながらもらう年金を「在職老齢年金」といいます。収入に関係なく年金が支給されるのは75歳からです。なぜなら、この時点で、厚生年金には加入できないからです。

カットされるのは、厚生年金に加入して働く人の老齢厚生年金です。自営業など、厚生年金に加入せずに働く人の年金は、まったくカットされません。

また、国民年金から支給される老齢基礎年金もカットの対象外です。

ここでは在職老齢年金の減額制度について、その仕組みを説明します。

まず、基本用語を解説しておきます。

・年金月額（基本月額）老齢厚生年金（60代前半は報酬比例部分）を12で割った月額のことです。加給年金は除きます。

・総報酬月額相当額　前年のボーナスを12で割った額と、今年の標準報酬月額（平均月収）を合計した金額。つまり、ボーナス込の月収です。

◉60代前半のカット年金額

カットされる年金は、60代前半（60〜64歳）と、60代後半（65歳〜）では計算方法が異なります。

60代前半のカット額のチャートは、5つにわかれます（**次頁図5**）。

第1のポイントは、年金月額（基本月額）が「28万円以下か28万円超」か。

現在、定額部分の支給は終了し、報酬比例部分しか支給されていません。ですから、年金月額（基本年金）が28万円を超える人は、あまり多くいないでしょう。

月額年金と総報酬月額相当額（ボーナス1か月分相当と月給）の合計額が28万円を超えなければ、年金カットはゼロです。

次に、カットされる場合の参考例を示します。

図5　60歳代前半の在職老齢年金

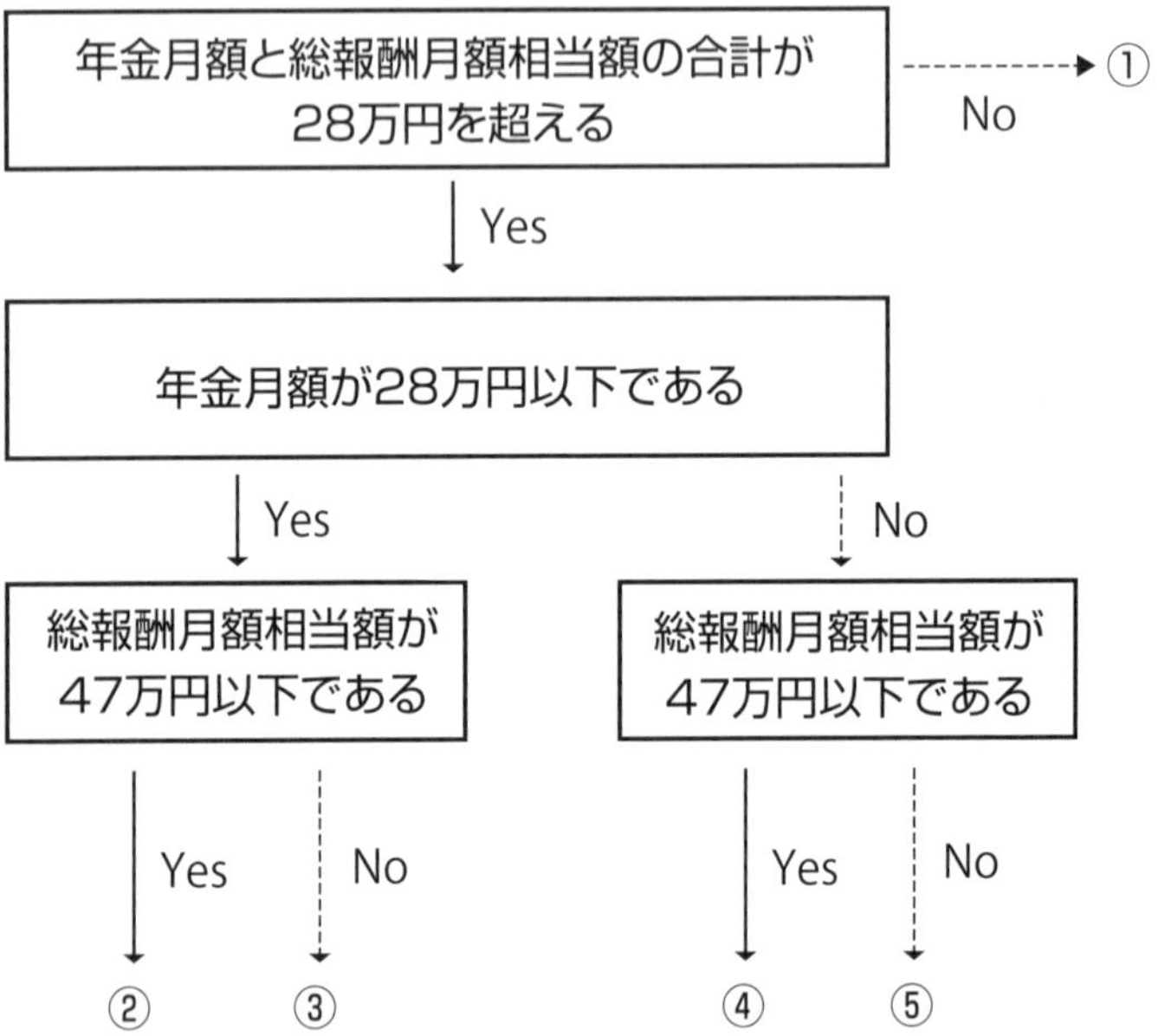

①全額受給

②年金月額ー(総報酬月額相当額＋年金月額ー28万円)×1/2

③年金月額ー(47万円＋年金月額ー28万円)

×1/2＋(総報酬月額相当額ー47万円)

④年金月額ー総報酬月額相当額×1/2

⑤年金月額ー47万円×1/2ー(総報酬月額相当額ー47万円)

＊基本データ
・月額年金10万円（年金月額28万円以下）
・賞与なしで月給20万円（総報酬月額相当額が「47万円以下」）
＊カット額の計算式
（相当額＋年金月額－28万円）×1/2
（20万円＋10万円－28万円）×1/2＝1万円
10万円の年金月額から1万円がカットされ、支給年金額は9万円になります。

「年金を多くもらいながら働いている人は、年金を少しカットさせてください」

これが国の考えで、年金と給与の合計が28万円を超えると、給与が増えるごとに年金額が減らされていく仕組みです。

給与が2万円増えるごとに、年金が1万円ずつ減らされていく――これが年金カットのイメージです。


第2のポイントは、総報酬月額相当額が「47万円以下か47万円超」か。

総報酬月額相当額が47万円を超えると、年金額のカットはさらに大きくなりますが、これに該当する人は、多くないでしょう。

ただ、定年退職後すぐ再就職した年は、月収が少なくても、前年のボーナスが反映されるため、総報酬月額相当額が高くなって、47万円超になる可能性があります。

年金が全額支給停止にならない分岐点は、年金と給料の額から試算できます（図6）。

◉60代後半のカット年金額

65歳になると、1階部分から老齢基礎年金、2階部分から老齢厚生年金が支給されます。年金をもらいながら、厚生年金に加入して働くと、老齢厚生年金がカットされる場合があります。

カットの条件は、老齢厚生年金と総報酬月額相当額の合計が、「47万円」を超えた場合で、カットされる年金額は「超えた金額×1/2」です。

一般的に老齢厚生年金の額は10万円程度なので、総報酬月額相当額と合わせて47万円を超えるケースは、あまり多くないでしょう。

◉加給年金が止められる

年金を受給しながら、多く稼ぎたい人が気を付けたいのは加給年金のことです。稼ぎす

図6　60歳代前半の働きながらの年金（在職老齢年金）額

（単位：万円）

	本来の年金額					
総報酬月額相当額	5	8	10	12	14	15
14						14.5
16	全額支給				13.0	13.5
18				11.0	12.0	12.5
20			9.0	10.0	11.0	11.5
22		7.0	8.0	9.0	10.0	10.5
24	4.5	6.0	7.0	8.0	9.0	9.5
26	3.5	5.0	6.0	7.0	8.0	8.5
28	2.1	4.0	5.0	6.0	7.0	7.5
30	1.5	3.0	4.0	5.0	6.0	6.5
32	0.5	2.0	3.0	4.0	5.0	5.5
34		1.0	2.0	3.0	4.0	4.5
36			1.0	2.0	3.0	3.5
38				1.0	2.0	2.1
40					1.0	1.5
42	全額支給停止					0.5
43						

ぎて、年金が全額支給停止になると、加給年金も停止されます。

加給年金とは、厚生年金に20年以上加入し、65歳未満の配偶者がいる場合に、65歳から老齢厚生年金に付随して支給される「扶養手当」の性格を持つ年金です。

加給年金は年間約39万円なので、この停止は響きます。

少しでも老齢厚生年金を受給していれば、止められることはありません。そのためには、給与を下げるのが唯一の方法です。どうすればトクかは、年金事務所か社労士に相談しましょう。

15章　年金を減額されない働き方

◉厚生年金に加入しないこと

年金カットの理由は、年金が多いから、給与が高いからなどがありますが、前提条件として、厚生年金の加入者だからです。

となると、「満額受給」には、厚生年金に加入せずに働けばいいことになります。

自営業者や無職の人は、厚生年金とは無縁なので全額受給できます。

また、厚生年金に加入せずにすむ職場（厚生年金の非適用事業所）には、次のようなものがあります。

1 従業員が5人未満の個人事業所
2 飲食店、旅館などのサービス業の事業所
3 弁護士、税理士など法務関係の個人事業所

「2」と「3」は従業員が5人以上でも、厚生年金の適用事業所になりません。言い換えると、個人事業から法人に変更になれば、強制適用事業所になります。

経営者1人しかおらず、従業員を雇っていなくても、法人事業所であれば、厚生年金に加入しなければなりません。

なお、厚生年金に加入するときは、健康保険にも同時に加入します。

◉パート労働者への適用拡大

一般社員の勤務時間および労働日数の4分の3未満で働いている人は、厚生年金への加入義務がありません。

この「4分の3」とは、雇用契約で定めた労働時間を指すので、仮に正社員が週40時間なら、「週29時間」で契約し、超えた分は残業代をもらうようにすれば、条件はクリアし

ていることになります。

ただし、2016年10月からは、加入条件が拡大され、右の条件を満たしていない場合でも、次の条件にすべて該当する者は、厚生年金と健康保険に加入しなければなりません。

1　週20時間以上働いている（残業時間は含まない）
2　1か月の所定内賃金が8万8000円以上（賞与、残業代、通勤費などは含まない）
3　従業員数が501名以上の会社に勤めていること
4　予定される雇用期間が1年以上であること

さらに2017年4月からは、従業員500人以下の会社で働く人も、労使で合意すれば、厚生年金と健康保険に加入することになりました。

◉2か月以内の短期で働く

厚生年金の適用事業所に勤める場合でも、次のような人は強制加入に該当しません。

1　日々雇い入れられる人
2　2か月以内の期間を定めて使用される人

3 季節的業務（4か月以内）に使用される人
4 臨時的事業の事業所（6か月以内）に使用される人

このよう短期間で辞めるつもりであれば、厚生年金に加入する必要はありません。

個人が起業すれば、法人格にしない限り、年金は全額もらえます。それを狙って退職後に現役時代の企業と請負契約を結んでいる人もいます。

いうまでもないですが、不動産や株式からの所得が何千万円あっても、年金が減額されることはありません。

◉1か月を超える失業期間で再計算

在職中に年金をもらっている間は、加入期間は増えていますが、受け取る年金額は増えません。年金額は、退職後に再計算されるからです。

つまり、転職などで1か月を超える失業期間があると、年金はその時点で「再計算」され、60歳以降に働いた分が上乗せされてもらえます。

65歳以降に働いた場合も同じで、退職するまで働いた分の年金は、〝おあずけ〟になります。

老齢厚生年金の報酬比例部分は、文字通り加入中の給与の平均額で計算されます。このことから、定年後に低い給与で勤めると、再計算後の平均額が下がり、年金額が減るのではないのかと心配する人がいます。

結論だけを述べますと、その心配は不要です。確かに平均額は下がりますが、加入期間の増加の効果の方が大きいので、退職後の年金は必ず増えます。

16章　繰り上げ受給・繰り下げ受給の損得ライン

◉繰上げ受給の損益計算書

国民年金の老齢基礎年金は65歳からもらえますが、申請すれば60～64歳までの間で「繰上げ」受給も可能です。

早くもらうのですから、年金額は早くもらう分、減らされます。減額率は、1か月早めるごとに、0・5％の割合でダウンします。

たとえば、60歳からもらうと、5年（60か月）早くなるので、30％（0・5％×60か月）

の減額率になり、本来の年金の70％支給となります。

1年8か月（20か月）早くもらうと、10％（0・5％×20か月）ダウンとなり、本来の年金の90％の支給です。

◉60歳繰上げは77歳で追い抜かれる

早くもらうことが得か損かの判断は、自分の寿命次第です。

寿命が66歳までなら、60歳から受給する方が得ですが、自身の寿命はわからないものです。

損得の最大の判断材料は受給総額です。

ある年齢で繰上げ受給した人が、通常の65歳受給の人に受給総額で追い越されるのは、繰上げ受給から約16年8か月後になります。

つまり、繰上げ受給開始年齢に16・8歳を足せば、追いつかれる年齢がわかります。

たとえば、60歳からもらうと、65歳からもらう人に76歳8か月で受給総額が追い抜かれます。

したがって、76歳8か月以上長生きするなら（そんなことはわかりませんが）、65歳からもらう方が得になります。63歳で繰上げれば、79・8歳（63歳＋16・8歳）です。

このように得か損かは、自身の寿命によります。ちなみに、60歳時点の平均余命（2010年）は男性22年、女性28年です。

ここまでは「平均余命」という視点から損得を見てきましたが、「健康寿命」という視点もあります。

健康寿命とは健康上の問題がなく、日常生活に制限のない「介護不要」の期間をいい、男性は平均70・4歳、女性73・6歳です。

人の手を借りず、自由に動ける元気な時間は、65歳定年の男性の場合、平均5年しかないのです。となると、健康なうちに現金を有効に使いたいから、「繰上げ受給」というのもひとつの考えでしょう。繰上げ受給している人は14・8％です。

◉繰上げ受給の留意点

繰上げ受給の注意点には、次のようなものがあります。

1　障害基礎年金に該当しても受給できません

障害基礎年金の1級は満額の1・25倍、2級で満額がもらえ、さらに無税です

2　寡婦年金の受給権を失います

3　繰上げ請求をした後に遺族厚生年金などの受給権が発生したときは、65歳までいずれか一方しか受給できません

4　繰上げした時点の年金が生涯続きます。途中で取消や変更はできません

5　任意加入できません

6　特別支給の老齢厚生年金の報酬比例部分は、繰上げた老齢基礎年金と併給されます

7　繰上げた老齢基礎年金は、厚生年金の被保険者になった場合でも支給停止されません

老齢厚生年金も65歳前の希望する年齢に早めて繰上げ受給できます。ただし、特別支給の報酬比例部分の支給開始年齢までの間に繰上げ請求をする場合（男性で1961年4月1日以前生まれ）は、老齢基礎年金も同時に繰上げることになります。

17章　繰下げ受給の損得

◉元本保証で年率8・4％の「夢の金融商品」

国民年金、厚生年金とも老齢年金は、65歳以降に最大5年間70歳まで、繰下げてもらえます。支給開始を1か月遅らせるごとに、0・7％の割合で年金額が増えます。

たとえば、1年遅らせて66歳からもらうと、年率8・4％（0・7％×12か月）の上乗せ

年金が生涯もらえます。

1年で8・4％の上乗せなので、70歳まで5年間辛抱すると、42％（0・7％×60か月）の上乗せ率になります。

もちろん元本保証。ほぼゼロ金利の現在、ウソのようなの「夢の高利回り商品」です。

この繰下げは最長70歳までで、5年分の42％増で頭打ちになります。なお、経過的な措置として、60代前半の人に支給される特別支給（報酬比例部分）については、繰下げはできません。

なお、繰下げ期間中は、老齢厚生年金に上乗せされる加給年金（年額39万円）はもらえません。

◉繰下げ受給のやり方

特別支給をもらっていても、65歳からの老齢厚生年金を繰下げることは可能です。65歳の誕生月に年金機構からハガキの「年金請求書」が届きます。

国民年金と厚生年金の両方を同時に繰下げたい場合は、ハガキを出さなければ──つまり、請求をしなければ、自動的に年金の支給はストップします。

どちらか一方を繰下げる場合は、希望する年金に印をつけて返送するだけです。

年金がもらいたくなれば、66歳以降ならいつでも繰下げ請求ができます。その請求時点で増額率が確定し、年金の支給がはじまります。

繰下げ請求をせず、66歳以後に65歳にさかのぼって、本来支給の年金を請求することもできます。この年金は一括で一時金として支給されます。

繰下げ待機中に死亡した場合、遺族に年金が支払われますが、65歳の本来請求で支給される年金となり、増額はありません。

◉70歳の繰下げ受給は82歳以上生きれば得

繰下げ受給は「夢の金融商品」ですが、カラクリもあります。寿命です。

70歳で繰下げ受給した人が、65歳受給の人を受給総額で追い抜くのは、約11・9年後の82歳です。66歳でもらうと、約11・9年後の78歳で65歳受給の人を追い抜きます。

受給開始年齢に11・9年を足すと、「儲け」がでる年齢がわかります。この「繰下げ」の最大のリスクは、自身の寿命が読めないことです。

5年辛抱し70歳にやっと達し、1か月分をもらって「昇天」という可能性をだれも否定できません。人生、何が起こるかわかりませんから。

とも可能です。

老齢厚生年金と老齢基礎年金の両方を繰下げることも、どちらか一方だけを繰下げることも可能です。

老齢基礎年金は67歳、老齢厚生年金は70歳から、というふうに受給開始をずらすこともできます。自身のふところ状態に応じて検討すればいいでしょう。

夫婦の一方だけが繰下げてもかまいません。夫の年金で生活できるなら、一般的には寿命が長い女性が繰下げる方が得です。

70歳まで辛抱するつもりが苦しくなれば、67歳でも68歳でもいつでも請求をして受給開始ができます。

ちなみに国民年金の繰下げ利用率は1・2%とまったく人気がありません。

18章　年金を確実に手にするための防衛策

◉「消えた年金」は霧の彼方へ

「消えた年金」問題が発覚したのが、10年前の2007（平成19）年です。納付した保険料が、年金機構のコンピューター上にも紙台帳にも記録されていないのです。「消えた保険料」とも言い換えられます。

保険料納付記録がなければ、年金はもらえません。ではなぜ、納付した保険料が消えてしまったのでしょう?

職員のずさんな管理や入力ミスなどの事務処理、社員は保険料を払っているのに、事業主が納付していないなどが原因といわれています。

「納付した証拠を示してください」——これが国の一貫した姿勢です。有効な証拠は年金保険料領収書、給与明細などで、元同僚や上司の証言は証拠として認められません。ですから、ほとんどの人は証拠を提示できず、保険料は払い損になったままです。

もう一つ、「宙に浮いた年金」もあります。

通常、年金加入記録は被保険者ごとに基礎年金番号で管理されています。2007年に基礎年金番号に統合されていない持ち主不明の年金記録が、コンピューター上に約5095万件も存在することがわかりました。

原因は次の2点です。

1 紙台帳をオンライン化する際の入力作業がダブルチェックなしのいい加減だったこと。氏名の読みも正確に行われていなかった

2 基礎番号が導入される1997(平成9)年以前に、国民年金や厚生年金の制度か

ら年金手帳と番号が発行されており、これらが基礎番号に統一されていない

２００９年10月、当時の民主党政権は２０１１年度までに記録照合などに1万数千人を投入するなど、包括的対応策を決定しました。

しかし、10年後の２０１７年でもまだ２１００万件が依然、持ち主不明で宙に浮いたままです。

「消えた年金」から10年後の２０１７年は、年金機構の業務体制が再クローズアップされた年でした。

同年9月に旧共済年金の振替加算の支給漏れ、10月に遺族年金の18億円の過払いと、不祥事が連続して発覚しました。過払いの8億円はすでに時効となり、返還請求ができません。

◉自分の年金は自分で守れ

このような実情を知ると、自分の加入記録も「消えている」「宙に浮いている」のではないか、と不安になるのも当然です。

不安解消のため、政府は２００９年4月から毎年、現役加入者の誕生月に「ねんきん定期便」をハガキで送付しています。35歳、45歳、59歳の節目の年には、情報量の多い内容が封書で届きます。

これで自分の加入履歴(職歴)に漏れがないかチェックできます。過去の職歴がうまく思い出せないときは、配偶者、両親、兄弟、元同僚などに聞いてみましょう。話しているうちに記憶がよみがえるかもしれません。

定期便でチェックすべき点は次の3つです。

1 受給資格期間
10年以上あれば(25年から短縮)、将来年金がもらえます

2 年金額
加入実績(国民年金は加入月数、厚生年金は加入月数と標準報酬)に応じた年金額が支給されます

3 保険料納付額
この額に応じて将来の年金額が決まります

「消えた年金」問題は、第一次安倍内閣のときでした。安倍首相が地元の支援者にした「内緒話」を紹介しましょう（週刊文春・２００８年2月21日号）。

「年金ってある程度、自分で責任を持って自分で状況を把握しないといけない。なんでも政府、政府でもないだろう」

もうひとつ、これは国民に向かって声高に言っていました。

「最後のおひとりまで責任を持ってお支払いします」

この約束は未だ果たされていません。

◉「もらい忘れ年金」って何？

「もらい忘れ年金」に関係があるのは、80歳以上の人が多いでしょう。

厚生年金制度は１９４２（昭和17）年、太平洋戦争中に始まりました。導入の目的の第一は、「軍費調達」です。

当時のほとんどの会社は、社員に厚生年金保険料を納めていることを知らせず、社員も厚生年金というものを理解しておらず、将来、年金がもらえることに関心を持っていませんでした。

戦中から戦後の混乱期に何かしらの職――軍需工場、配給品を扱う商店、米軍キャンプなどで働いていた人たちに「もらい忘れ年金」が発生しやすいといえます。

◉もらい忘れの発見法

では、「見つけ方」はどうすればいいのでしょう。

遠い過去の記憶の糸をたどり、職歴の一覧表をつくります。次に年金事務所で「被保険者記録照会回答票」をもらい、同時に回答票の見方を職員にたずねます。

自宅で回答票と「一覧表」を照らし合わせ、一覧表にあって回答票にない会社があれば、それが名寄せから漏れている「年金記録」の可能性が高いと思われます。

当時の預金通帳、領収書、年金手帳、給与明細など、保険料を払ったことがわかる証拠書類を持参し年金事務所で検索をかけてもらいます。

ただ、遠い昔のこと、証拠を保管している人は少ないと思われます。

「もらい忘れ年金」を掘り起こすには、該当する年金記録を見つけなければなりません。年金記録が発見できなければ、保険料を払った証拠を提示する必要があります。

法改正により、時効が撤廃されたことで、「年金記録」が見つかれば、次の2点が認められます。

1　受給権発生時点からの年金がもらえる。60歳で受給権が発生し、現在80歳であれば

20年分が一括支給されます。

2　受給権者（本人）がなくなっている場合は、妻や子どもなどの遺族が代わりに受給できます。

◉未支給年金とは何か

「消えた年金」の発生原因は、年金機構（旧社会保険庁）の不適切な管理に問題があります。よって、時効は撤廃されています。

一方、「未支給年金」とは、被保険者自身の請求もれが原因で起こるものです。受給できる権利がありながら、受け取っていない年金のことをさします。この年金については、5年の時効が働き、請求時点からさかのぼって5年分が支給されます。

年金は請求しなければもらえません。請求を忘れる年金の代表例は、年金受給者の死亡時に発生するものです。

なぜなら、年金は死亡した月までが支給されますが、偶数月に前2か月分が支給されるので、死亡月の分と場合によってはその前月分は、まだ受け取っていないのです。

受給できるのは配偶者、子どもなど一定の遺族で、請求者の名前で請求します。

この死亡月の年金をもらっていない人が多いといわれていますが、年金事務所によっては、遺族年金の請求を受けたときに、未支給年金の請求書を渡しています。

19章　年20万円の保険料を0円にする手口

◉「年収130万円の壁」とは何?

妻の年収が130万円以上になると、妻は夫に扶養されているとはみなされないため、次の2つの問題が発生します。

1　夫の健康保険の被扶養者から抜ける
↓妻は国民健康保険に加入しなければならない。
2　国民年金の第3号被保険者の資格を失う
↓妻は国民年金保険料を負担しなければならない。

こうなると、妻には2つの社会保険料の負担が生じます。この負担を避けるには、年収を「130万円未満」に抑えて働くことがポイントです。

だから130万円を超えないよう年末になると、わざと休みをとるパート主婦もいます。

◉恵まれている第3号被保険者

国民年金の第3号被保険者とは、自身は国民年金の保険料を払わないのに被保険者になれる人をいいます。

２０１７年度の国民年金保険料は、年間19万７８８０円です。この支払いが不要にもかかわらず、65歳から年金が支給されます。

仮に20歳で結婚し、60歳までずっとサラリーマンの妻であったとすれば、65歳から満額（２０１７年度は約79万円）の老齢基礎年金が、保険料タダでもらえます。自営業者の妻は、自分の家計から保険料を払っています。

妻が第3号被保険者になっても、夫の厚生年金保険料は上がりません。第3号被保険者である妻の保険料は、厚生年金の加入者（第2号被保険者）全員の保険料によってまかなわれているからです。

夫が定年後に再就職先で厚生年金保険に加入すると、年収１３０万円未満の被扶養者である妻は、第3号被保険者として国民年金に加入できます。

なお、第3号被保険者とは妻だけが対象ではありません。妻が夫（年収１３０万円未満）を扶養している場合、夫は第3号被保険者になれます。

◉パートから個人事業主へ

妻の年収が「130万円」以上になると、国民年金保険料（約20万円）と国保の保険料（自治体によって違う。年間約3～4万円）がかかるので、年に20数万円の出費になります。

ここでは、130万円以上稼いでも、社会保険料が0円で済む方法を紹介します。

雇い主と交渉し、仕事内容は変わらないが、雇われ方をパートから請負に切りかえるのです。

パートのときの収入は給与所得扱いでしたが、請負になると個人事業主になり、収入は事業所得に変わります。

そうなると、必要経費が認められるので、家賃、光熱費、通信費等の4割～5割や、仕事に関係する諸経費を必要経費にできます。

翌年の2月16日～3月15日の間に、住所地の税務署で前年の収入の確定申告をします。

事業収入（パート収入）から必要経費を差し引くと、かなりパート収入があっても、「130万円の壁」はオーバーしないでしょう。

申告書の書き方について、わからないことがあれば、税務署が親切に教えてくれます。

これで以前と同じように、夫に扶養されている状態になるので、社会保険料ゼロの生活が維持できます。

なお、妻のパート勤務の時間（後述します）が社会保険の適用対象になる場合は、会社の健康保険と厚生年金に加入することになります。


ちなみに、「150万円の壁」もあります。これは「税の壁」で、先の130万円は「社会保険の壁」です。

2017年までは、配偶者の年収が103万円以下であれば、38万円の配偶者控除が受けられました。それが2018年1月から、150万円以下と大幅に拡大されたのです。

配偶者控除とは、世帯主の年収から38万円を差し引くもので、これにより所得税が安くなります。

所得税は年収から各種の控除を差し引いて課税所得を算出し、その額に対応した税率を掛けます。

◉社会保険の適用条件が緩くなった

2016年10月から、社会保険（厚生年金と健康保険）の適用範囲が拡大し、次の人には社会保険が適用されます。

・所定労働時間が「週30時間以上」の人。
・所定労働時間が「週20時間以上」かつ月額賃金が8・8万円（年収106万円）の人。
・雇用期間の見込みが1年以上であること。

この条件に当てはまる人は、年収130万円未満であっても、国民年金・国民健康保険ではなく、厚生年金保険・健康保険に加入します。

厚生年金保険に加入すると、全国民共通の国民年金から支給される「基礎年金」に加え、厚生年金ももらえます。

◉免除申請すると毎年10万円もらえる

国民年金には自営業者など約1500万人が加入していますが、保険料の納付率は65％にとどまっています。

失業などで国民年金保険料（2017年度は月額1万6490円）の納付がきつい場合は、免除制度を活用しましょう。

保険料免除は、国民年金にだけ認められた特典で、厚生年金に免除制度はありません。

保険料を未納のままにしておくと、老齢・障害・遺族年金などがもらえなくなるおそれがあります。

そのリスクを避けるには、「免除申請」をすればいいのです。自身が免除に該当するかどうかは、所得審査の結果待ちになり、後日連絡がきます。

なお、免除認定後の保険料は、未納や滞納にはなりません。また10年以内なら、免除期間の保険料は追納できます。

免除される保険料は被保険者の所得によって、保険料の全額、4分の3、半額、4分の1の4種類があります。

20～60歳までの40年間、全額免除を受けると、65歳から老齢基礎年金がもらえますが、年金受給額は正規の保険料を支払った人の半額です。そのほかの年金額については、図を参照してください（図7）。

なお、免除を受けていても、障害基礎年金と遺族基礎年金は満額受給できます。

◉手続きは5分で終了

免除申請には年金手帳と印鑑を持参し、市町村の窓口に行けば、担当者が書類の書き方を教えてくれます。所要時間は約5分程度で済みます。

翌年も免除を受けたい場合は、書面上に記載欄があるので、そこへ記入すれば、翌年か

図7 保険料免除期間の老齢基礎年金への反映率

全額免除
免除された期間については、将来の受給時に
保険料を全額納付した場合の年金額の 1/2 が支給されます。

4分の3免除
保険料を全額納付した場合の年金額の 5/8 が支給されます。

半額免除
保険料を全額納付した場合の年金額の 6/8 が支給されます。

4分の1免除
保険料を全額納付した場合の年金額の 7/8 が支給されます。

＊2009（平成21）年4月分からの保険料免除にかかわる支給率。
平成21年3月分までは支給率は異なります。

らの手続きは不要になります。もちろん、所得が増え要件を外れると、免除認定はされません。

◉年金の半分は税金

20～60歳まで40年間、保険料をフルに払うと、満額の老齢基礎年金（2017年度価格は約78万円）が支給されます。

全額免除が40年間、認められた人には、65歳から満額年金の半分の年金がもらえます。なぜなら、基礎年金の半分は税金なので、保険料（2017年度は約20万円）を払っていない人にも、税金相当分の基礎年金が支給されます。

少しひねった考えですが、1年間全額免除を受けると、基礎年金が半分もらえるという

ことは、保険料約20万円の半分10万円がもらえることと同じになります。

数年前、ある年金事務所が配布した「免除申請キャンペーン」のチラシの文面に「免除申請すると、毎年9万円がタダでもらえます」とあって物議をかもしました。

当時の年間保険料は18万円だったので、その半分の保険料9万円がタダでもらえると宣伝したのです。

なお、免除を受けていない期間は、保険料は未納扱いになり、年金は1円も支給されません。

20章　知らないと大損する障害年金の強み

◉莫大な金額がフイになる

自営業者など、国民年金の加入者が一定の障害を負うと、国民年金から障害基礎年金が支給されます。

サラリーマンの場合は、国民年金と厚生年金の両方に加入していますから、障害基礎年金と障害厚生年金をもらえます。

支給額については後述します。ここではまず、「知らないことが大きな損失を招く」点について述べます。

定年退職前の人や脱サラ予定の人は、面倒でも会社を辞める前に病院で体のチェックを受けることをオススメします。

なぜなら、障害厚生年金をもらうには、左の3条件をすべてクリアしなければならないからです。

1 初診日に厚生年金制度に加入していること

2 初診日前に一定の保険料を納めていること

3 規定以上の障害を負っていること

初診日とは、その傷病について初めて医師の診察を受けた日です。ここでの最大のポイントは「1」です。これは初診日が「在職中」にあることを意味しています。

初診日が「退職後」では、厚生年金制度から脱退した後なので、「1」の条件はクリアできません。これだけのことで、一生もらえる障害年金をフイにするのです。

なお、健康診断で異常が発見され、精密検査を受けるよう指示されたときは、健康診断を受けたときが初診日となります。

◉退職前に初診日をつくる

厚生年金の適用事業所で働くサラリーマンは、一定以上の障害を負えば、必ず障害厚生年金がもらえます。

なぜなら、初診日が厚生年金の加入中にあり、保険料は給与から天引きなので滞納も生じないからです。

では、在職中に初診日がある人が、退職後に傷病が悪化し、一定の障害を負うと、どうなるのでしょうか？

現役中に初診日があれば、退職後であっても、「2」と「3」の条件をクリアしていれば、障害厚生年金が受給できます。

「2」は、在職中の保険料は天引きなので、滞納の問題は生じません。「3」は退職後に「規定以上の障害」に該当すれば、支給がはじまります。

たとえば、在職中に心臓病の初診日がある人が、退職後に心臓病が悪化したため、ペースメーカーを装着しました。この場合、請求手続きをすると、障害厚生年金がもらえます。ペースメーカーの装着は障害年金に該当するからです。

支給は権利発生月からなので、ペースメーカーを装着した年月までさかのぼって、年金が支払われます。

もし、初診日が在職中になければ、ペースメーカーを装着しても障害厚生年金は1円も支給されません。在職中に病院に行ったことが、年金につながったのです。この人の障害厚生年金は年200万円、無税です。

脱サラを考慮中やリストラ予備軍の人で、体に不調があるなら、「在職中に初診日」をつくっておきましょう。

「危機管理とは最悪を想定し、準備すること」と言います。忙しい、面倒などと、診察を避けていると、退職後に障害を負っても、国民年金の障害基礎年金しかもらえません。

◉うつ病、糖尿病、がんでもOK

障害というイメージから、身体に障害を持つ人だけが対象と思われがちですが、実は誰もがかかる可能性がある病気でも対象になります。

定年退職が近い人、退職を考えている人で、身体に気になる個所があるなら、厚生年金制度から脱退する前に、医師の診察を受けておくのが望ましいでしょう。

人間ドックに入ることもひとつの考えです。その結果、再検査になれば、再検査日が初診日になります。

初診日が在職中にあれば、定年後、あるいは退職後に病気が悪化し、規定以上の障害に達した場合は、障害厚生年金が支給されます。

退職が間近にある人にとっては、「初診日が厚生年金の加入中にある」という受給条件は必ずクリアしておくべきです。

手間かもしれませんが、「在職中につくった初診日」は、退職後もずっと有効です。

たとえば糖尿病の人が在職中に「初診日」がなければ、退職後に症状が規定以上に悪化してしても障害厚生年金はもらえません。

腎臓病の悪化で人工透析を受けはじめると、その3か月後から障害年金の2級に該当します。在職中に初診日がなければ、障害厚生年金は支給されず、国民年金の障害基礎年金しかもらえません。

◉いくらもらえるのか

自営業者など国民年金の加入者には、障害基礎年金が支給されます。1級と2級があり、1級は2級の1・25倍が支給されます。

1級は97万4125円（2017年度）、2級は77万9300円で、2級の額は満額の老齢基礎年金と同額です（**次頁図8**）。

サラリーマンは国民年金と厚生年金の両方に加入しているので、障害基礎年金と障害厚

図8　障害基礎年金の年金額

1級	77万9300円×1.25+子の加算
2級	77万9300円+子の加算

子の加算

1人・1人	一人につき22万4300円
2人以降	一人につき7万4800円

子とは次の者です。
・18歳になってから最初の3月31日までの子
・障害等級1級または2級にある19歳までの子

生年金の両方が支給されます。

障害厚生年金には1級、2級、3級、さらに一時金の障害手当金があります。初診日に厚生年金の加入者であれば、退職後に障害認定された場合でも、障害厚生年金が支給されます。

◉最大300倍もらえる

障害厚生年金は、給与の平均と加入月数で計算します。ただし、加入期間が300か月（25年）未満の場合は、最低保障として300か月で計算します（**次頁図9**）。

加入期間が短い人の場合、実加入期間で計算すると、年金額が少なく、生活保障にならないからです。

たとえば、就職後1か月で退職した人が、

図9　障害厚生年金の年金額

1級	老齢厚生年金 ×1.25＋加給年金(最低300か月保証)
2級	老齢厚生年金＋加給年金(最低300か月保証)
3級	老齢厚生年金(最低58万4500円)
障害手当金(一時金)	老齢厚生年金 ×2(最低300か月保証)

＊加給年金：22万4300円(配偶者の加算額)

退職から数年後に在職中に初診日がある病気が悪化し、障害を負う身になりました。

こういう場合には、障害厚生年金が支給されます。支給額は1か月の実加入期間を「300か月」とみなした年金額になります。

◉国から連絡は来ない

障害年金がカバーしているのは、手足の切断や失明など、外的疾患だけではありません。がん、うつ病、糖尿病など内的疾患も含みます。

要するに、すべての病気・ケガが障害年金の対象です。そして、一定の条件をクリアした場合は、治療中であっても受給できます。

「あなたは受給資格がありますから手続きしてください」

国からこんな連絡は来ません。障害年金は、自身で請求しなければ1円も出ないのです。ですから、「障害年金がもらえるのではないか」と思ったら、障害年金を専門に扱っている社労士に相談してみましょう。ネットには、無料相談に応じるサイトが載っています。

◉仕事上、仕事外どちらでも受給OK

障害厚生年金は、仕事上のケガ・病気でなければ支給されないと思っていませんか。仕事上、仕事外いずれの場合でも、規定以上の障害を負った人には、障害厚生年金が支給されます。

サラリーマンが仕事と無関係の障害を負った場合、労災保険から支給はありません。しかし、仕事上の障害の場合は、労災保険と障害厚生年金、両方からのダブル支給になります。ただ、満額支給は障害厚生年金だけで、労災の年金は一定の率で減額されます。

◉所得制限ナシの満額支給

障害厚生年金や障害基礎年金を会社に勤めながら受給しても、年金が減らされるというような調整は一切ありません。高い給与をもらっていても、億万長者であっても、年金額が減らされることはありません。

もちろん、退職して厚生年金から脱退しても従来通り、障害厚生年金はもらえます。給与に応じて年金が減額される場合があるのは、60歳以降の「在職老齢年金」です。

◉要注意！ 老齢基礎年金の繰上げ受給

国民年金の老齢基礎年金は、通常65歳から支給されます。ただ、60歳から64歳までの希望の年齢から繰上げて受給することもできます。この場合には、一定の率で減額されます。

繰上げ受給のリスクのひとつは、障害基礎年金が受給できなくなることです。たとえば、61歳の人の糖尿病が悪化すれば、65歳前でも障害基礎年金がもらえます。ただし、老齢基礎年金の繰上げ受給をしていないことが条件です。

障害基礎年金は、1級が老齢基礎年金の満額の1・25倍と子どもの加算、2級が老齢基礎年金の満額と子の加算です。また、老齢基礎年金と違って、所得税もかかりません（P132図9）。

病気を抱えていると、繰上げ受給をして早く現金を手にしたいと考えがちですが、進行具合によっては、障害基礎年金に該当する可能性もあります。

繰上げ受給に踏み切るときは、医師の意見も聞き、慎重に判断しましょう。

21章　結婚前に払った保険料はどうなる？

◉受給資格があるかどうか

年金制度に最低10年以上加入していれば、受給資格があるので、将来年金がもらえます。

「最低10年」とは、次の期間の合算です。

1　保険料納付済み期間
2　保険料免除期間
3　合算対象期間（カラ期間）

「1」は、たとえば結婚前に3年間、会社勤めをしていれば、その3年間に給料から天引きされた厚生年金保険料は、将来の年金に反映され掛け捨てになりません。

「3」のカラ期間とは、たとえば、国民年金が任意加入だった1961（昭和36）年4月から1986（昭和61）年3月までの期間のうち、専業主婦で国民年金に加入していなかった期間は「カラ期間」となります。

ただし、年金額には反映されないため、「カラ（空）期間」と呼ばれます。

「カラ期間」とは国民年金制度への加入がその期間、「任意」か「強制」かによって判断されます。「任意」であって加入していない期間は「カラ期間」となります。

◉タダで年金がもらえる妻

1986年4月以降、年金制度が変わりました。

夫がサラリーマンの専業主婦は、国民年金に強制加入することになり、「第3号被保険者」と呼ばれるようになりました。

第3号被保険者は保険料の負担なしで将来、国民年金から老齢基礎年金がもらえます。

この「おトクな主婦」の国民年金保険料は、1万6490円（2017年度）で、夫が加入する厚生年金制度から支払われています。夫が支払っているのではないのです。

ちなみに、国民年金制度の「第1号被保険者」は自営業者、フリーの人などで、自分で保険料を支払います。

「第2号被保険者」はサラリーマンで、厚生年金と国民年金の両方の制度に同時に加入しており、保険料は給与から天引きされます。

夫は「第2号被保険者」、妻は「第3号被保険者」です。

◉専業主夫でもOK

先に主婦と書きましたが、家庭を守る「主夫」でもいいのです。妻に扶養された男性（具体的には年収130万円未満）なら、第3号被保険者になれます。

1961年4月から1986年3月までの期間も「カラ期間」として認められます。結婚前に働いた期間やカラ期間、専業主夫の期間などを合算して10年以上あれば、年金がもらえます。

結婚前に数か月働いただけという場合でも、その月数の厚生年金保険料は、65歳からもらえる老齢厚生年金に反映されます。

22章 離婚したら年金はどうなる？

◉年金分割は国だけが得する制度

夫の老齢厚生年金は約200万円、専業主婦の妻は老齢基礎年金だけを約50〜80万円（加入年数による）もらいます。これが厚労省の描く老後の平均的な年金夫婦像です。

この夫婦が離婚すると、家庭は夫婦が共同で支えてきたはずなのに、夫婦間に200万円と50万円という大きな「年金格差」が生じます。

この年金格差は、夫を支えてきた妻の労苦を評価していないことになります。

そこで、離婚夫婦の結婚生活期間中に支払った年金保険料は、夫婦共同で納付したものとみなし、夫婦の年金額は再計算するべきだ、という考えから、２００７年４月、年金分割制度が発足しました。

この制度が適用されるのは、２００７年４月１日以降の離婚であることが前提です。

◉年金分割とは年金の分割ではない

年金分割をその名称から、年金そのものを分割する制度と思っている人が大勢いますが、それは勘違いです。

分割するのは、年金を計算する元になる「保険料納付記録（標準報酬月額・標準賞与額）」です。そして分割された「保険料納付記録」に基づき、年金額が計算されます。

分割方法は、多く年金保険料を納めた方（一般的には夫）が、少ない方（妻）に分割譲渡し、これまでの標準報酬（年金を計算する元になる平均給与）を改定します。

離婚後の年金は新たな標準報酬で計算されるので、夫の死亡や妻の再婚には関係なく生涯、分割された年金が受給できます。

年金分割は厚生年金にだけ適用され、国民年金にはこの制度はありません。

すでに老齢厚生年金を受けている場合は、年金分割の請求をした月の翌月から年金額が変更されます。

●婚姻期間の年金記録だけが対象

年金分割されるのは、結婚期間中（制度発足前の２００７年４月以前も含む）の保険料納付記録だけで、結婚前の記録は対象外です。

結婚前の保険料納付記録を基にした年金は、本人だけのものだからです。

年金分割には、「合意分割（離婚分割ともいう）と「３号分割」の２種類があります。まず、「合意分割」から説明します。

●合意分割とは何？

２００７年４月以降に離婚した人のみが対象で、夫婦の保険料納付記録から算出した標準報酬を２人が合意した割合でわけます。

結婚後に専業主婦になった場合は、結婚後の厚生年金の保険料納付記録がないので、夫の保険料納付記録だけを妻へ分割譲渡することになります。

◉合意すれば半分もらえる

分割割合は、最大50％までです。50％で合意すれば、婚姻期間中は、妻も夫の保険料を半分納めたことになり、夫の納付記録の半分が妻に付け替えられます。これで夫の受給する老齢厚生年金の半分がもらえます。

夫婦共働きの場合は、それぞれの保険料納付記録から標準報酬を合算し、合意した割合でわけます。通常は多い方の夫の標準報酬が削られ、妻に譲渡されます。

分割割合が決まると、その旨を記した公正証書または私署証書（私人として作成・署名した証書）を作成し、年金事務所に提出すれば、新たな標準報酬が決定され、これに基づき年金が支給されます。

なお、分割の申請は、離婚から2年以内にしなければなりません。話し合いで分割割合が決まらない場合は、当事者の一方の求めにより、裁判所が妻の貢献度を考慮して分割割合を定めることができます。

ですから、夫が長期間、単身赴任で海外にいたとか、夫の職業が医師、弁護士など特別な技能を要するものだと、労力のバランスが平等とはいえないため、妻の要求通りの分割割合が認められない場合があります。

◉離婚前に年金額をチェック

合意分割は、夫婦の結婚後の保険料納付記録の合計を分割するのですが、結婚後に専業主婦となった妻には、厚生年金の納付記録はありません。となると、夫の婚姻期間中の納付記録のみを夫婦で合意した割合で分割することになります。

こんな例があります。

夫の老齢厚生年金は月額16万円。厚生年金に40年加入し、30年間が婚姻期間ですから、分割対象期間の年金は、「(40年分の30年)×16万円＝12万円」です。

夫婦は50%の分割割合で合意したので、12万円の半分、6万円相当の老齢厚生年金の納付記録が妻に譲渡されました。

55歳で離婚した妻は10年後の65歳から、自身の老齢基礎年金(国民年金)と分割された老齢厚生年金の納付記録から支給される6万円を受給します。

年金ではなく保険料納付記録の譲渡ですから、夫が死亡しても本人が再婚しても、年金はずっともらえます。

一方、夫の老齢厚生年金は元々16万円だったのが、6万円分が妻に譲渡されるので6万になります。10年間の独身時代の老齢厚生年金4万円と合わせると、10万円の老齢厚生年金を受給します。

◉トクをするのは誰だ?

妻に分割譲渡された保険料納付記録に基づく厚生年金の支給は、妻が老齢基礎年金を受給する65歳になってからです。

現在55歳の妻にとっては、10年も先の話です。

もし離婚しなければ、夫の老齢厚生年金は、年額192万円(月額16万円×12か月)ですが、離婚すると年額120万円(10万円×12か月)になり72万円減ります。

この72万円は、妻に分割譲渡した保険料納付記録分に該当します。

妻が老齢厚生年金を受給するのは、10年先の65歳になってからなので、それまでの10年間の合計は720万円になります。

もしこの夫婦が離婚しなければ、国は10年間で720万円の年金を支給しなければなりません。年金分割とは、国が年金を節約するための妙手ではないか、と夫は思いました。

◉「3号分割」とは？

年金分割には、先の「合意分割」と、もうひとつ「3号分割」があります。名前の通り、専業主婦（主夫も可）だった第3号被保険者期間が対象になります。

特徴的なのは第3号被保険者が一方的に申し出るだけで、分割割合が2分の1と強制的に決まり、夫婦の合意は必要ありません。

分割対象になる期間は、２００８（平成20）年5月1日以後に離婚をし、同年4月1日以後の婚姻期間中の第3号被保険者期間です。

２０１７年現在、対象期間はまだ約10年ですから、この制度は今後、長く第3号被保険者として暮らす人のためのものといえます。

合意分割と3号分割は併用できます。２００８年4月までは合意分割、それ以降は3号分割という方法もあります。

◉「専業主夫」にも年金分割

3号分割は、妻のだけの特権ではありません。妻が一家の稼ぎ手で、厚生年金の保険料を払っており、第3号被保険者の夫が家庭をマネージしている場合もあります。

この場合、夫は妻から最大半分の保険料納付記録を分割譲渡される権利があります。

◉離婚すると年金で損すること

＊その1

先の夫婦の例でいえば、離婚は妻が年金をもらえる65歳になってからの方がトクです。10年分の720万円を夫婦で分割する「案」に2人が賛同するなら、65歳になるまでは別居するという手もあります。

＊その2

離婚すると、加給年金がもらえなくなります。

加給年金とは、「扶養手当」のようなもので、妻が65歳になるまで受給でき、年額約39万円（特別加算も含む）です。

妻が65歳に達すると、夫が受給していた加給年金は「振替加算」と名称を変え、妻の老齢基礎年金にオンされて支給されます。

この振替加算は一旦、妻に支給が始まれば、65歳以降に離婚しても停止にならず、妻は生涯受給できます。

だから、離婚するなら65歳になってからの方がおトクです。

振替加算は受給者の生年月日によって金額が決まっており、１９５７年４月２日〜１９５８年４月１日生まれの人には、約３・８万円が支給されます。

これは夫が受給していた約39万円の10分の１にしかなりません。

＊その3
夫を亡くした妻には、遺族年金（夫の厚生年金の４分の３）が支給されます。一方、年金分割は、最大で夫の厚生年金の２分の１がもらえます。

遺族年金と年金分割の年金額を比べれば、遺族年金の方が多いのです。

とはいえ、「死ぬまで待てない」から「別れる」という人もおられるでしょう。


さて、いろいろと夫は検討した結果、妻とは別居し離婚届は、妻が65歳になってから出すことにしました。

これで加給年金は失わずにすむし、妻には65歳から振替加算が支給されます。

夫は妻への分割譲渡分６万円の半分３万円を送金することで妻と合意しました。離婚するまで、夫には分割されない老齢厚生年金が振り込まれます。10年先の離婚までの間に、妻の意思が変わるかかもしれないというほのかな期待も持てます。

◉「死後離婚」で年金はどうなる？

離婚すると、姻族関係（義理の親子関係や親戚関係）は自動的に消滅します。しかし、配偶者との死別では、姻族関係はそのまま残ります。

そのため、夫と死別した後は、義父母など夫にかかわる人間関係を断ち切りたいという思いから、死亡した夫と離婚したい人が増えています。

死んだ夫と離婚する――これが「死後離婚」です。最近、よくこの言葉が取り上げられるようになりました。

配偶者の血族との姻戚関係を解消したい人が実行する行為ですが、法律上、死後離婚という概念はありません。

民法が定める「姻族関係を終了させる意思表示」のことを指していると思われ、その姻族関係を終了させる意思表示が「姻族関係終了届」です。

手続きは、本籍地または住所地の市区町村に「姻族関係終了届」を提出します。本人の意思で届け出ができ、親族の同意は不要です。

この手続きをする場合、期限の定めはありません。

ここでは年金について、結論だけを述べます。

夫の死後に、夫の家族と縁を切っても旧姓に戻しても、遺族年金に影響はありません。姻族関係終了届と年金の受給資格は、関係がないからです。つまり、終了届を提出し、「死後離婚」した後も遺族年金は受給できます。

ついでに、配偶者の遺産相続の件ですが、相続開始時に法定相続人（配偶者）であった以上、遺産を受け取ることができます。相続権はなくなりません。

また、終了届を提出した後に、いったん相続した財産を返す必要はありません。

23章 知らないではすまない遺族年金

夫に先立たれたとき、もらえるのが遺族年金です。

ただし申請しなければ、年金は1円もでません。手続きは難しくないので、年金事務所に出向きましょう。

◉遺族厚生年金がもらえる条件

厚生年金に加入している、または加入していた人が、次の条件に該当すれば、残された人には遺族厚生年金が支給されます。

1　厚生年金に加入している人が死亡

2　在職中に初診日のある傷病で、初診日から5年以内に死亡

3　1級、2級の障害厚生年金をもらっている人が死亡

4　老齢厚生年金の受給資格期間が25年以上ある人が死亡

「4」の条件をクリアするには、国民年金、厚生年金など公的年金の受給資格期間（保険料免除期間やカラ期間を含む）が25年以上必要です。

老齢基礎年金の受給資格期間は25年から10年に短縮されましたが、遺族厚生年金の受給資格期間は、従来どおり25年以上必要です。

加入期間は、日本年金機構から毎年誕生月に送られてくる〝ねんきん定期便〟か〝ねんきんネット〟（登録が必要）、または年金事務所で確認できます。

◉あと少し長生きして

脱サラした夫は厚生年金と国民年金の加入期間の合計が24年のとき、余命半年と宣告されました。

あと半年、国民年金に加入し続ければ25年になり、夫がなくなった場合、妻に遺族基礎年金と遺族厚生年金が支給されます。

子どもが高校を卒業すれば、遺族基礎年金は支給停止になりますが、遺族厚生年金と中高齢寡婦加算がもらえます。

「25年」に達しない場合は、高校生以下（18歳の年度末）の子どもがいるので、国民年金から遺族基礎年金（後述します）が支給されるだけで、遺族厚生年金はもらえません。子ども全員が18歳の年度末を過ぎれば、遺族基礎年金もなくなります。

◉遺族厚生年金の趣旨とは？

元サラリーマンの夫は、老齢基礎年金と老齢厚生年金を受給しています。これが老夫婦の生活の柱です。

夫が亡くなると、夫の年金もなくなるので、夫の老齢厚生年金の4分の3を妻が遺族厚生年金として引き継ぎ、自身の老齢基礎年金と合わせて生活資金にしてください――これが遺族厚生年金の趣旨です。

妻は再婚しない限り生涯、遺族厚生年金が受給できます。妻は自身の老齢基礎年金が受給できるので、夫の老齢基礎年金を引き継ぐことはできません。

◉遺族厚生年金の額

老齢厚生年金の支給額は、夫の厚生年金の加入月数と平均標準報酬月額で決まります。たとえば、夫の老齢厚生年金が12万円、妻の老齢基礎年金が5万円の場合では、夫が亡くなると、9万円（12万円の4分の3）と、自身の5万円の合計14万円が受給総額になります。

年金の受給者には毎年、誕生月に「ねんきん定期便」が届き、そこに年金額が記載されています。

◉加入月数に25年の保証あり

若い夫が亡くなった場合、厚生年金の加入年数が少ないので、通常の計算式に当てはめると、遺族厚生年金はわずかな金額にしかなりません。

これでは生活保証にならないので、加入年数が25年未満の場合には、25年（300か月）とみなし、年金額を計算する特例があります。

25年加入の場合の年金額は、標準報酬月額が30万円なら約48万円、標準報酬月額が40万円なら約65万円です。

◉20代の子なしの妻は5年だけ

夫が死亡したときに30歳未満で子どもがいなければ、遺族厚生年金の支給は5年間で打ち切られます。

「まだ20代で若く、子どももいないのだから、自立してください」――これが国の考えだと思われます。

言い換えると、30歳を過ぎてから夫を亡くすと、子どもがいなくても再婚しない限り生涯、遺族厚生年金がもらえます。

夫の死亡時に妻の年齢が30歳未満か以上かによって、受給期間がまったく違ってきます。あと1日で30歳という人の場合、1日の差が数千万の差を生む可能性があります。

たとえば、夫の年収が480万円なら、約53万円の遺族厚生年金になりますから、30歳～80歳まで50年間受給すれば2650万円です。

この法律への対策として、子どもがいない場合、30歳になるまでは、しっかり夫に生命保険をかけておくことです。

ついでにいうと、満30歳になるのは、誕生日の前日で、当日ではありません。年齢に関する法律で決まっています。

11月21日が29歳の誕生日なら前日の20日に満29歳になり、翌年の誕生日の前々日の19日までの1年間が30歳未満最後の1年です。
29歳と30歳は1年の違いですが、誕生日前日の1日で年齢は変わり、年金の支給額も変わるのです。

◉18歳未満の子どもがいる場合

死亡した夫がサラリーマンで、高校生以下（18歳の年度末まで）、または20歳未満の障害等級1～2級の子どもがいれば、国民年金から遺族基礎年金と、厚生年金から遺族厚生年金が同時に支給されます。

遺族基礎年金は、被保険者の「子どものある配偶者」または「子ども」に支給されます。2017年度の年間の支給額は「77万9300円＋子どもの加算額」で、子ども加算額は第一子と第二子が22万4300円、第三子以降が各7万4800円です。

子ども全員が成長すれば、遺族基礎年金の支給は停止され、代わりに妻に中高年寡婦加算が支給されます。ただし、夫が厚生年金に20年以上加入していることが条件です。

◉18歳未満の子どもがいない場合

夫の死亡時に高校生以下の子ども、または20歳未満の障害を持つ子どもがいない場合は、遺族基礎年金は支給されません。

ただし、厚生年金から遺族厚生年金と中高齢寡婦加算が支給されます。なお、妻が働いていても、年収が850万円未満なら受給できます。

◉中高年寡婦加算とは何か

子どもがいない妻には遺族基礎年金が支給されないため、年金総額が少なくなるので、中高齢寡婦加算を支給して補てんしています。

子どもとは18歳未満、または1~2級の障害のある20歳未満の子どもをいいます。

中高齢寡婦加算が支給される条件は、次の通りです。

1　40歳時点で遺族厚生年金と遺族基礎年金を受給していたが、子どもが成長して遺族基礎年金の支給が終了した場合

2　子どもがいない妻で夫の死亡時に40歳以上65歳未満の場合

3　夫の厚生年金の加入期間が20年以上ある場合

「3」にあるように、老齢厚生年金を受給中の夫が死亡した場合でも、夫の厚生年金の加入期間が20年以上なければ、中高齢寡婦加算は支給されません。

夫がサラリーマンから自営業に変わった場合などには、加入期間が「20年以上」あるか、確認しておく必要があります。中高齢寡婦加算の支給は、妻が40歳から65歳になるまでで、年額58万４５００円（２０１７年度）です。

◉経過的寡婦加算とは何か

妻が65歳になると、妻に自身の老齢基礎年金が支給されます。

同時に、遺族厚生年金に上乗せされていた中高年寡婦加算が終了し、代わりに「経過的寡婦加算」が支給されます。

なお、サラリーマンの妻は、１９６１（昭和36）年4月～１９８６（昭和61）年3月まで、国民年金に任意加入だったため、未加入の人もいました。

未加入の人の老齢基礎年金は、中高齢寡婦加算58万４５００円（２０１７年度）より少ないため、受給総額が下がるので、「経過的寡婦加算」で補てんしています。

経過的寡婦加算の金額は妻の年齢に応じて異なり、2万～4万円程度で、１９５６（昭和31）年４月２日以降に生まれた妻にはつきません。

夫が厚生年金に「20年以上」加入していなければ、経過的寡婦加算は支給されません。

24章 国民年金の遺族年金

自営業の人は国民年金なので、遺族厚生年金の支給はありません。支給されるのは、遺族基礎年金ですが、高校生以下（18歳の3月末）、または1～2級の障害がある20歳未満の子どもがいることが受給の条件です。

年金額等の詳細は、先述した「18歳未満の子どもがいる場合」の項目を参照してください。

◉死亡一時金とは何か

18歳未満の子どもがいなければ、遺族基礎年金は支給されず、死亡一時金が支給されます。支給の条件は3年以上、国民年金保険料を納め、老齢基礎年金を受け取らないまま亡くなった場合です。

金額は保険料を納めた月数に応じ12万～32万円で、もらえる人は生計を同じくしていた遺族で、優先順位は配偶者、子、父母、孫、祖父母、兄弟姉妹の順です。

死亡一時金は死亡日の翌日から2年経つと時効になり請求できません。

◉寡婦年金とは何か

国民年金の第1号被保険者の夫が、次の条件で亡くなった場合は、生計を維持されていた妻に対して「寡婦年金」が支給されます。

1　保険料納付期間（免除期間を含む）が10年以上ある
2　老齢基礎年金や障害基礎年金をもらっていない
3　10年以上継続して婚姻関係にある

「1」の保険料納付期間は、最低25年から10年に短縮されました。

寡婦年金は夫の保険料が掛け捨てにならないよう、妻に60歳から65歳になるまで支給されます。金額は夫の老齢基礎年金額の4分の3です。

自営業の妻の場合、遺族厚生年金や中高齢寡婦加算がもらえないので、その代わりとなるのが寡婦年金です。

妻が65歳から自身の老齢基礎年金を受給するまでの「つなぎ年金」の性格を持っています。なお、寡婦年金と死亡一時金の両方に受給資格がある場合は、どちらか一方を選択します。

◉繰上げ受給には要注意

自営業者の夫は60歳、がんで余命1年と宣告されました。がんは障害年金がもらえますが、初診日から1年6か月を経過した時点での支給判断になります。

余命を考えると待てないので、夫は老齢基礎年金の繰上げ受給を申請しようとしたのですが、これには次のような問題があります。

妻は59歳です。もし夫が老齢基礎年金を受給せずに死亡したら、「寡婦年金」がもらえます。支給額は夫が受け取るはずだった老齢基礎年金の4分の3で、支給期間は妻が60～65歳までの5年間です。

そして、寡婦年金が終了する65歳からは、彼女自身の老齢基礎年金の支給が始まります。

一方、夫の60歳からの老齢基礎年金の繰上げ受給は、本来の年金の70％しかもらえません。「寡婦年金」の75％（4分の3）のほうが年金額は多いのです。

また、繰上げ受給すると、障害基礎年金の受給資格を失います。

◉男に朗報。遺族基礎年金が変わった

国民年金の遺族基礎年金は、「子どものある妻（母子家庭）」または「子ども（遺児）」

に支給されるだけで、「子どものある父（父子家庭）」は3年前までは対象外でした。父親なら子どもを養えるだろう、という国の考えから、国民年金は父親には冷淡だったのです。

しかし法改正があって、2014（平成26）年4月以降、18歳未満の子どもを持つ夫にも、子どもが高校を卒業する（18歳の年度末）まで、遺族基礎年金が支給されるようになりました。ただし、収入が850万円以上ある場合は支給されません。

やっと、遺族基礎年金の世界に、男女平等が確立したのです。

保険料納付条件は次のうち、どちらかを満たしていればOKです。

・国民年金保険料の納付済み期間（免除期間を含む）が、加入期間中の2/3以上あること。

・死亡した月の前々月までに1年以上の保険料の支払いがあること。

国民年金にはすべての人が加入しているので、この保険料納付条件さえクリアしていれば、必ず遺族基礎年金は受給できます。

25章　遺族厚生年金の男女差

サラリーマンの夫が亡くなり、妻と18歳未満の子どもがいる場合、妻には国民年金から遺族基礎年金、厚生年金から遺族厚生年金がダブル支給されます。

では、厚生年金に加入していた妻が、亡くなるとどうなるのでしょう?

妻の死亡時に夫、父母、祖父母は55歳以上でなければ、遺族厚生年金は支給されません。さらに55歳以上でも、支給開始は60歳からです。60歳までは働けるから、年金は必要ないと国は考えているからでしょう。

遺族厚生年金の世界では、まだ男女不平等の風が吹いています。

もっとも、遺族基礎年金を受けとれる夫(子どものいる夫)で、妻の死亡時に55歳以上の場合は、60歳までの支給停止は行われず、60歳前でも遺族厚生年金を受け取れます。

ただし、子どもが18歳の年度末に到達して、夫が60歳になる前に遺族基礎年金をもらえなくなったときには、60歳になるまで遺族厚生年金は支給停止になります。

妻が死亡したとき55歳未満の夫には、そもそも遺族厚生年金の受給権がありません。55歳未満の夫に子どもがいる場合、夫が遺族基礎年金を受給し、子どもが遺族厚生年金を受給します。

ただし、これは子どもが18歳になった年の3月末(高校卒業)までで、それ以降は、夫の遺族基礎年金と子どもの遺族厚生年金は、受給期間が過ぎたので失権します。

結局、子どもが高校を卒業した時点で、2つの遺族年金はなくなります。

◉妻の老齢厚生年金を捨てる

夫が元サラリーマンであれば、自身の老齢厚生年金を受け取れます。あるいはすでに受給中です。そのとき、妻の死亡による遺族厚生年金の受給権が発生しました。

2つ以上の年金を受ける権利を得た場合は、どちらか1つを選ばねばなりません。当然、金額の多い方を選びますから、夫自身の老齢厚生年金を選択し、妻の遺族厚生年金は支給停止にすることがしばしばあります。

では、夫が妻の遺族厚生年金を受け取れるのはどういう場合でしょうか?

それは夫が自営業などで国民年金にしか加入していない場合です。

この場合には、夫自身の老齢基礎年金だけでは生活が苦しいとみなされ、妻の遺族厚生年金が受給できるのです。

第2部

税金

26章　節税技術を磨く

「サラリーマンには節税方法がない」と諦めていませんか？

サラリーマンは自分で税金を計算し納税しません。すべて会社がやってくれますから、税金への関心が薄い人が多いようです。

実はサラリーマンでも「節税」できる方法があるのですが、あまり知られていないだけです。

節税は知識の量で金額が決まります。税を安くできれば、それはカネ儲けと同じことです。

節税術で所得税と住民税が安くなると、「節税の儲け」以外にもさまざまな波及効果があります。

国民健康保険料、介護保険料、市区町村の補助など、各種制度は、所得税・住民税の額に応じて金額が決まるものが多くあります。

したがって、所得税・住民税をできるだけ減らせば、さまざまな優遇制度がより利用しやすくなるのです。

投資に必ず儲かる方法はありませんが、節税は必ず儲かります。

では、どうすればいいのでしょう。税金を極力払わずに済ませる合法的な方法は、次のとおりです。

◉「さまざまな控除」を活用する

サラリーマンの税金は、課税対象所得をもとに計算します。その課税対象所得は、次の計算式で算出します。

「年収－給与所得控除－さまざまな控除＝課税対象所得」

給与所得控除は、サラリーマンの収入の一部を必要経費とみなして差し引く仕組みで、年収が増えるほど控除額は大きくなります。

計算式の答えの「課税対象所得」に税率をかけると、税金（所得税）がでます。税率は「課税対象所得」によって5～45％と7段階にわかれています。

サラリーマンが税金を安くするには、課税対象所得を減らすしかありません。そのもっとも簡単な方法は、「さまざまな控除（所得控除）」を積み上げていくことです。

なお、先の給与所得控除は、年収に基づき国が決めているので、個人ではどうにもできないのです。

◉所得控除を積み上げる

さまざまな控除を所得控除といいます。これこそが、サラリーマンが税金を安くできるツールです。

所得税を計算するには、年収から所得控除を差し引きます。所得控除が多くなれば、年収が減って課税対象額が少なくなり、所得税が安くなります。

所得控除には、基礎控除、給与所得控除、配偶者控除、扶養控除などがあり、これら一連の控除は、税金を割引くための制度です（図10）。

では、なぜ所得控除という制度があるのでしょうか？

たとえば、結婚して配偶者を持ったり、子どもが生まれたりすれば、生活費が余分にかかります。

そこで、結婚すれば配偶者控除、子どもが生まれれば扶養控除を年収から差し引けます。これらの控除があることで、課税対象所得が少なくなり、所得税が安くなります。

独身者には先の2つの控除が使えないので、同じ給与の妻帯者と比べると、所得税が高くなります。

図10　主な所得控除

種類	控除額	内　容
雑損控除	被害額のうち所得金額の10%を超える部分など	災害、盗難、横領の被害
医療費控除	医療費のうち10万円を超える金額	最高控除額200万円
社会保険料控除	支払保険料の全額	厚生年金保険、国民年金、健康保険
生命保険料控除	最高10万円	一般の保険分5万円／年金保険分5万円
寡婦（夫）控除	27万円	一定の要件を満たした場合35万円
障害者控除	一般27万円／特別40万円	本人の場合
配偶者控除	38万円	老人配偶者（70歳以上）48万円
配偶者特別控除	専業主婦38万円を限度に	収入が141万円未満であれば収入に応じて変動（3～38万円）
扶養控除	16歳以上、1人につき38万円	老人扶養親族（70歳以上）48万円、同居老親58万円、19～22歳の特定扶養親族63万円）
基礎控除	38万円	すべての納税者

また、「年少扶養控除」が２０１１年度からが消滅しました。この所得控除を受けられなくなったサラリーマンは増税になりました。

27章　だれでもできる節税術——扶養控除編

所得控除を積み上げ、課税対象所得を減らす——これがサラリーマンの合法的な「節税術」です。

いちばん利用しやすいのは扶養控除、社会保険料控除、医療費控除などです。順番に見ていきましょう（図10参照）。

◉扶養家族を増やす

いちばん簡単な節税法は、所得控除を増やし、課税対象額を少なくすることです。では、どうすれば、所得控除を増やせるでしょうか？

最も簡単なのが扶養控除です。

先に述べた独身社員と妻子を養っている社員の給与が同じ場合、手取り収入は後者の方が多くなります。

給与から扶養控除分が削られ、課税対象所得が少なくなるからです。

税務署員は職業柄税に強いので、税法上許される所得の少ない親類縁者を扶養家族に入れている場合が多いといいます。

一方、税金に弱いサラリーマンは、扶養家族にできる人をみすみす見逃し、払わなくてもいい税金を払っていないでしょうか。

ここでは、親族を扶養家族にできる条件をみていきます。

◉扶養家族にできる条件

扶養控除が受けられる人は、「所得が38万円以下で16歳以上の親族」を扶養している人です。受けられる控除金額は、扶養される人の年齢によって決まっています。

扶養にできるのは、「6親等内の親族」と「3親等内の姻族」で、いとこの子ども、兄弟の孫、妻の祖父母、甥や姪など、驚くほど広範囲です。

ただし、それらの親族は、つぎの条件をすべてクリアしていなければなりません。

1　本人の年間所得が38万円以下
（年金、パート収入、家賃収入などの合算額）

2　だれの扶養親族にもなっていない
3　個人事業主の専従者ではない
4　生計が同じ

所得と収入は違います。所得38万円とは、収入から必要経費や所得控除を差し引いた金額のことです。

「1」の所得38万円以下には、次のような人が該当します。

①無収入の人
②給与収入が年間103万円以下の人
③65歳未満で年金が108万円以下の人
④65歳以上で年金が158万円以下の人
⑤黒字が38万円以下の個人事業主

②の年収103万円以下とは、103万円から給与所得控除の最低額65万円を引くと、年間所得が38万円以下になります。

パート年収103万円以下で働く妻は、年間所得が38万円以下なので、扶養家族にできるのです。

年収が103万円を超えないよう「出勤調整」する奥さんたちがいるのは、夫の扶養から外れると、税金アップに直結するからです。

③④は、公的年金等控除（65歳未満は70万円、65歳以上は120万円）と基礎控除38万円を足すと108万円と158万円になります。

この条件をクリアしている年金暮らしの親は、子どもの扶養に入れます。親に年金額を訊くのはデリケートなことですが、「節税のため」と説明するしかないでしょう。

税務署は「扶養にできる人」を教えてくれません。扶養にできるかどうか、確証が持てなければ、税務署に確認しましょう。

扶養にできる人が周りにいるのに気づかずいると、払わなくてもいい税金を払っていることになります。

●別居でも仕送りしていればOK

扶養条件の「4」の「生計が同じ」とは、送金するなど、生活費に一体性があればよく、別居していてもかまいません。

親や子どもへの仕送り額には、何円以上という明確な基準はなく、振込み記録の提示義務もありません。要するに、金額の多寡ではなく、生活の一部を支えているという扶養の実態があればいいのです。

とはいえ、毎月決まった額を銀行口座に振り込むなど、記録を残しておくことが望ましいでしょう。

親元を離れ学生生活を送っている子どもは、証明書なしで扶養家族になれるし、年金が158万円以下の65歳以上の親も扶養家族にできます。

また、3・11などの天災で収入が減少した親の生活費を支援している人は、親を扶養家族にできます。

◉いくら節税になるのか？

節税できる金額は扶養控除額と扶養人数、および税率により、人それぞれです。子どもが生まれた、娘が出戻ってきた、などで扶養家族が1人増えると、所得から扶養控除（扶養される人の年齢によって金額が異なる）分が差し引けます。

所得税は「（所得－所得控除）×税率」で算出し、税率は納税者の所得に応じて5～45％と7階層にわかれています。

16歳以上19歳未満の子どもを扶養していると、扶養控除額は38万円です。仮に税率を

10％とすると、所得税は3・8万円（扶養控除38万円×10％）安くなります。

同時に、住民税も次のように減額されます。

住民税の扶養控除、配偶者控除は各33万円で、税率は一律10％なので、扶養家族が1人増えれば、税金は3・3万円（33万円×10％）安くなります。

つまり、税率10％の人の場合では、所得税と住民税の合計で年に7・1万円の節税になります。

旧民主党政権から子ども手当がスタートした関係で、その対象となる0〜15歳の子どもに対する扶養控除が廃止され、2011年から所得税が高くなる人がでました。

◉両親を扶養に入れる

Aさんは、年金暮らしの両親を扶養に入れられることに気づきました。23歳以上70歳未満の扶養控除額は所得税38万円、住民税33万円の合計71万円になります。両親はまだ70歳未満です。

Aさんの所得税率は10％（住民税は一律10％）で、両親の扶養控除額は142万円（71万円×2人）だから、年間14・2万円の節税ができます。

税務署は「田舎の両親を扶養に入れると節税できますよ」とは教えてくれません。

Aさんの親が70歳を超えたり、寝たきりになったりすれば、扶養控除額は、次のように増額されるため、節税額はさらに増えます。

〈70歳以上の扶養控除額〉

1　70歳以上（別居）　48万円（10万円上乗せ）

2　70歳以上の親と同居　58万円（1に10万円上乗せ）

3　70歳以上で障害者　93万円（2に35万円上乗せ）

＊年齢はその年の12月31日現在です。

＊寝たきりは「障害者」に該当します。

なお、大学の教育費などがかかる19歳～23歳未満の子ども（特定扶養親族）を扶養している場合は、63万円の扶養控除が認められています。

◉扶養控除を受ける手続き

年の途中で扶養家族が増えた場合は、「扶養控除等（異動）申告書」を勤務先に提出します。この申告内容によって扶養控除額が決まり、次の給料から扶養控除額が増えた分、天引きされる所得税が減るので手取り収入が増えます。

扶養家族の人数は年末時点の状態で計算されるので、その年は届出前まで所得税を払い過ぎたことになり、その分は年末調整で還付されます。

たとえば、12月に子どもが生まれた場合は、年初から扶養家族が増えたとみなして税額計算をするので、まるまる1年分税金をトクします。

◉年末調整って何だ?

年末調整とはその年の最後の給与で、正しい税金額とこれまでに納めた税金額を調整する作業のことです。年末に差額を調整するので「年末調整」といいます。

11月中旬になると、会社から「扶養控除等（異動）申告書」が配られます。そこに必要事項を記入したり、必要書類を添付したりして、12月前半までに会社に提出します。

会社はその書類をもとに社員の正しい税額を計算し、その年最後の給与で税金の差額を調整します。

したがって、最後の給与がいつもの月よりも多いことがあっても、それは自身が多く払っていた税金が戻ってきただけです。

もちろん、差額の調整によっては、足りない分の税金を給与から引かれる場合もあり、そのときは給与がいつもより減額されています。

◉5年分が一括で還付される

扶養控除を受ける手続きをしていなかった場合、どうなるのでしょう？

時効になっていない過去5年前までさかのぼって手続きをすれば、払い過ぎた所得税の還付が受けられます。

ただし、この還付金の申請は、会社ではやってくれませんから、自身で確定申告をすることになります。やり方は税務署に聞きましょう。税務署は、払った税金を取り戻す方法も親切に指導してくれます。

確定申告は2月16日～3月15日と決まっていますが、還付申告はいつでも受付けています。

では、いくら戻ってくるのでしょう？

所得税率は5～45％、住民税は一律10％。扶養控除額（16歳以上19歳未満）は38万円なので、税率5％の人なら1・9万円（38万円×5％）が戻ります。

住民税の控除額は33万円なので、3・3万円（33万円×10％）になり、1・9万円と合わせると5・2万円が戻ります。5年分では26万円が還付されます。

税率10％の人なら、「38万円（所得税）＋33万円（住民税）＝71万円」の10％が7・1万円で、その5年分ですから35・5万円が一挙に還付されます。

28章 だれでもできる節税術——社会保険料控除編

◉子どもや親の社会保険料を払う

税金を安くする第1の方法は、扶養家族を増やすことです。第2は、生計を一にする親族の社会保険料を本人に代わって支払うことです。

社会保険料は全額、社会保険料控除となって課税対象所得を小さくできます。

たとえば、20歳になる大学生の子どもの国民年金保険料を親が負担する場合です。子どもがアルバイトをして扶養控除の対象から外れていても、親が子どもに生活費の仕送りをしていれば生計は同一ですから、親が子どもに代わって支払った社会保険料は、領収書が子どもの名前でも、その全額を親の社会保険料控除に算入できます。

田舎に住む両親の国民健康保険料も、肩代わりして払えば、社会保険料控除が受けられます。

生計を一にする親族の社会保険料は、払った人の所得控除として申告できるのです。

「扶養控除」には所得が38万円以下という基準があります。一方、「社会保険料控除」にはこうした基準はなく、生計が同一であれば、扶養親族である必要もありません。

自営業者の夫婦（第1号被保険者）は、国民年金保険料の支払い義務があります。配偶者（妻）の国民年金保険料を、夫が支払えば、社会保険料控除が受けられます。

一方、サラリーマンの妻は年収130万円以下であれば、専業主婦とみなされ3号被保険者になるので、国民年金保険料の納付義務はありません。厚生年金制度全体から保険料は支払われます。

◉節税効果はどの程度か？

大学生には国民年金保険料の支払いを猶予される特例制度があります。しかし、それを利用せず、親が子どもの保険料を払っている場合があります。

支払うことによって、親は「節税」できます。どのくらい税金が安くなるか、検討してみましょう。

基本データは次のとおりです。

・子ども

年間所得が100万円。所得税率は5％

・親

年間所得500万円。所得税率は20％
・親子ともに住民税は一律10％
・国民年金保険料（2017年度）
1年分前納で19万4370円。

節税額の計算式は次のとおりです。
・子どもが自分で納付した場合
19万4370円×15％＝2万9155円
・親が代わりに納付した場合
19万4370円×30％＝5万8311円

子どもが自分で年金保険料を払うより、税率の高い親が子どもに代わって払う方が節税額はおトクです。

ついでに言うと、「学生納付特例制度」は納付の猶予であって免除ではありません。満額受給を希望するなら、卒業後に保険料を追納する必要があります。

追納は10年以内であれば可能です。追納しない場合は、老後にもらえる年金（老齢基礎年金）が少なくなります。

◉社会保険料控除のやり方

給与から天引きで納めてきた所得税額は、あくまで仮払いです。年末調整の際に、生命保険料控除や社会保険料控除などを申請することで所得税額が精算されます。

年末調整の前に会社は「給与所得者の保険料控除申告書」を配布します。その申告書の右下に「社会保険料控除」という項目があるので、そこに保険料を記載するだけです。

国民年金保険料を支払うと加入者あてに「社会保険料（国民年金保険料）控除証明書」が送られてきますから、それを証拠として申告書に添付します。

29章　だれでもできる節税術――医療費控除編

◉10万円以上払ったか？

年間の医療費が高くついた家族には、税金を安くしてあげましょう――これが医療費控除の制度趣旨です。

医療費控除は、次の一定額以上の医療費を払っていなければ受けられません。

一定額とは、次の2つです。

・1年間に医療費が10万円を超えた場合

・所得200万円未満の人は所得の5％を超えた場合

このうちいずれか低い金額が医療費控除額で、計算式は次のようになります。

〈計算式〉

（医療費の合計額）－（保険金などの補てん金額）－（10万円または所得の5％）

＝医療費控除額

所得が200万円以上の人の場合で、年に10万円以下の医療費であれば、家計に大した負担ではないと見なされ、医療費控除の対象にはなりません。

ただ、10万円を超えていなくても、家族の誰かの所得が200万円未満であれば、その人が申請すれば控除が受けられます。

医療費控除は会社の年末調整では扱いません。社員から大量の領収書が持ちこまれたら、本来の業務に差し支えるからです。

したがって、自身が確定申告をする必要があります。では、いくら戻るのでしょうか？

◉還付金はいくら？

支払った医療費から10万円を引いた残りが返金されると勘違いしている人がいます。還付される税金は、たとえば、年間15万円の医療費（窓口負担）を払った場合、控除対象額は5万円（15万－10万）です。

それに自身の税率をかけます。10％なら5000円（5万×10％）、20％なら1万円というように、還付金は控除対象額が同じなら、申請者の税率が高いほど多く戻ってきます。いくら戻ってくるのでしょう？ それ知るには、自身の税率（5～45％の7段階）を知る必要があります。

1年分の領収書を整理・保管し、確定申告書を作成する手間の割には、大した金額しか戻ってこなかったと落胆する人がいます。

入院などで多額の医療費を負担した年は還付金が多くなりますが、それは健康を失った証しです。いうまでもなく、医療費控除は少ないほど望ましいのです。

所得税を払っていない非課税者（4人に1人）は、そもそも「納めた所得税」がゼロですから、多額の医療費を払っても確定申告をする必要はありません。納めた所得税がゼロなら還付金もゼロになります。

「10万円の還付金」という計算結果がでても、5万円しか納税していなければ、5万円しか戻ってきません。

なお、医療費控除の対象になる医療費とは、実際に支払った金額ですから、出産一時金や高額療養費などを受給していれば、その金額は医療費から差し引かねばなりません。

ただし、出産手当金や傷病手当金などは、差し引く必要はありません。

◉家族の医療費は合算OK

別居・同居にかかわらず、家族が払った医療費はすべて合算し、医療費控除の対象にできます。家を離れて下宿中の子どもの分は、忘れがちなので注意しましょう。

65歳以上の高齢者の医療費は、現役世代の約4・2倍にもなる〝大口〟です。普段から領収書の保管を頼んでおけば、確定申告がスムーズに運びます。

◉頭のいい申請のやり方

還付金の算出法は、「控除額×税率」ですから、家族で一番税率の高い人が申告するのがトクなやり方です。

共稼ぎ夫婦の場合は税率の高い方が、2人分をまとめて申告します。別々に申告すると、各自10万円を超えた分が対象になるため、控除額が少なくなります。

医療費10万円以下は、控除の対象にならず切捨てになりますが、10万円以下でも控除が受けられる場合があります。

所得が200万円未満の人が、所得の5%以上の医療費を使っていれば、控除が受けられるからです。

たとえば、所得が150万円の人では、7万5000円（150万円×5%）を超えた分は控除の対象になります。

◉何をどこまで申請できるのか？

医療費控除を申請する際に頭が痛いのは、何をどこまで申請していいのか、それがよくわからないことです。

たとえば、子どもや高齢者の付添い人の交通費は医療費控除に入れていいかどうかなどです。結論だけを言うと、通院日と金額を記録しておけば認められます。

医療費控除についてわからないことがあれば、税務署やネット情報などで確認しながら、申告書の作成を進めていきましょう。

それでも不明な点は、自身の考えに基づき、申告書を作成します。問題点があれば、税務署から問い合わせがありますから、その時点で自身の考えを述べればいいのです。

税務署は明確な証拠がない限り、申告内容を否定できないので、通ることも少なくありません。

◉歯に関する節税の裏テク

その1 確定申告は前年の負担分が対象ですから、インプラントなど高額な治療は、年をまたがない方が還付金は多くなります。

その2 歯科矯正は病名がつくと、大人でも子どもでも医療費控除の対象です。要は健康保険が使えれば対象になります。

その3 子どもの不正咬合が見つかり、健康な成長のために歯列矯正が必要と認められた場合は、医療費控除の対象になります。

その4 歯科医師によって診断に差があるため、健康保険が「使える・使えない」は一様ではありません。「使えない」といわれたら、別の歯科医師を受診してみる手もあります。

◉新制度登場！ 薬代で節税

２０１７（平成29）年1月から、医療費控除に新たな制度が加わりました。特定の医薬品購入に対する「セルフメディケーション税制（医療費控除の特例）」です。

この新税制は、きちんと健康診断などを受けている人が、一部の市販薬を購入した際に所得控除を受けられるようにしたものです。

市販薬などにより軽度な身体の不調を自ら手当てすることは、国の財政を圧迫している医療費の適正化につながるので、所得控除が認められるのです。

◉所得控除の受け方

年間1万２０００円を超えて指定の市薬品を購入した際に、1万２０００円を超えた部分の金額（上限8万８０００円）について、所得控除が受けられます。

この制度は「医療費控除の特例」であって、あくまで医療費控除の一部です。ですから、従来の医療費控除との併用はできません。

従来どおり10万円を超えた医療費の所得控除を受けるか、この新しい税制で所得控除を受けるかは、申告者自らが選択することになります。

この新制度の眼目は、医療費が年10万円以上かかっていなくても、医療費控除が受けられるようにしたことです。

◉対象になる人

所得税や住民税を納めていて、以下のいずれかひとつを受けている人です。

1 特定健康診査（いわゆるメタボ健診）
2 予防接種
3 定期健康診断（事業主健診）
4 健康診査
5 がん検診

これらを受診した結果通知書、予防接種済証などを確定申告の際に添付します。

◉いくら戻ってくるのか?

基本データは次のとおりです。

・所得額400万円の人
・所得税率　20％
・対象医薬品を年間5万円購入
この購入金額には「生計を一にする配偶者その他の親族の分」も含まれます。

◇控除額の計算式
5万円（対象医薬品の購入金額）－1万2000円（下限額）＝3万8000円（控除額）
◇所得税の減税額
3万8000円が課税所得額から控除されるので、
3万8000円（控除額）×20％（所得税率）＝7600円（減税額）
◇住民税の減税額
3万8000円（控除額）×10％（住民税率）＝3800円（減税額）

所得税と住民税をあわせて1万1400円が減税額です。確定申告すると、この金額が還付されます。

30章 だれでもできる節税術――生命保険料控除編

◉生命保険の所得控除

日本人は世界一、生命保険が好きな国民といわれています。2016年度の加入率（生命保険文化センター調べ）は、男女ともに約80％。中国は8％です。

生命保険料控除とは、健康な生活を営むためという理由から、支払った保険料に応じて一定の金額を課税対象所得から差し引ける所得控除です。

生命保険料控除の対象になる保険は、内容によって以下の3種類に分かれています。

1 生命保険
2 個人年金保険
3 介護医療保険

たとえば、生命保険の場合、年に8万円超の保険料を払うと、一律4万円の控除が受けられます（2012年以降の契約）。

つまり、4万円分の所得がなかったものと見なされるのです。

別の見方をすれば、4万円が控除額の上限ですから、いくら高額の生命保険料を払っても、上限の4万円の控除額しか認められません。

なお、2011年までの契約では、10万円超の保険料を払った場合は、上限の5万円の控除が認められています。

◉還付金はいくらか

「保険に入ると、4万円の税金が戻ってきます」

生命保険料控除額の上限4万円が、還付金として戻ってくると説明して、生命保険を売る営業マンがいます。

意図的か無知かはわかりませんが、明らかに間違った説明です。正しくは、控除額に税率を掛けた金額が還付金です。

たとえば、年間8万円超の保険料を払ったら、控除額は上限の4万円なので、所得税率10%の人には4000円（4万円×10%）が戻ってきます。

住民税は5・6万円超の払込保険料に対して、控除額は上限の2・8万円。税率は一律10%なので2800円が戻ってきます。

1年間いくら高い保険料を払い込んでいても、税率10%の人の還付金は、所得税

4000円と住民税2800円の合計6800円です。

◉スゴクないか！ 年8万円超で6800円の利息

所得が300万円の人の税率は10%です。この人が、生命保険に年間8万円超払い込めば、所得税4000円、住民税2800円、合計6800円分、税金が安くなります。

これは8万円超の保険料の払い込みで、6800円のリターンがある、ということです。個人年金も8万円超払い込めば、やはり6800円のリターンです。

銀行預金の金利はゼロですから、こんな高い利息の金融商品は他にはありません。ただし、払込保険料が8万円超でも100万円でも、リターンは一律4000円ですから、最良のコスパは、保険料8万1円で4000円のリターンを得ることです。

◉控除額10万円が12万円にアップ

2010（平成22）年の税制改正で、生命保険料、個人年金保険料の控除額が引き下げられました。そのかわり、介護医療保険料控除が新設されました。

改正内容は、2012年以降の契約に適用されます。具体的には、生命保険料の年間の支払額が8万円超（従来は10万円超）の場合は、控除額が生命保険、個人年金ともに一律

4万円（従来は一律5万円）に下がったことです。

住民税の年間保険料の支払額の上限も7万円超から5・6万円超に下がり、控除金額は一律3・5万円から一律2・8万円に下げられました。


先述した介護医療保険料控除が創設されたので、生命保険、個人年金、介護保険の控除額を合計すると、所得税分（2012年分から）の上限は「4万円×3＝12万円」、住民税分（2013年分から）の上限は「2・8万円×3＝8・4万円」になりました。

つまり、3つの控除額を合計すれば、上限額は少々アップしたことになります。

◉個人年金保険の所得控除

個人年金保険に加入すると、払い込んだ保険料に対して生命保険と同じ金額の所得控除が認められます。

個人年金保険は、名称から「私的年金」と思いがちですが、実態は投資信託に近い商品です。注意が要るのは、契約範囲や保険料の払い込み期間など、一定要件をクリアしていなければ、生命保険とみなされる点です。

たとえば、一時払いの個人年金保険は、所得控除の対象になりません。個人年金に加入する前に、控除の対象商品かどうか、保険会社に確認しておく必要があります。

◉地震保険料の所得控除

地震保険料控除とは、地震に備えてかけた保険料に対し、所得控除が認められる制度です。払った保険料が5万円以下の場合は、支払い金額の全額、5万円超は5万円が所得控除できます。

地震保険料は、建物や構造、所在地によって算出されるため、都道府県によって差があります。

地震保険は単独の契約はできず、必ず火災保険とセットで契約します。すでに火災保険に入っている場合は、地震保険だけ追加契約できます。

地震保険と火災保険の補償範囲は異なっています。地震保険は、居住用の建物と家財が保険対象で、地震・噴火・津波を原因とする火災・損壊・埋没または流失による損害を補償します。

地震災害の補償でよくトラブルになるのは、火災が発生して家が消失した場合です。地震が原因による火災であれば、地震保険に加入していなければ保険金はおりません。

なお、火災保険の保険金の支払い基準は、時価と新価があります。時価とは、築年数による価値の目減りを考慮した金額です。時価契約では、古い家は評価額が低いため、建て直し資金が大幅に不足する事態になります。

昔の火災保険は時価契約が多いので、長期にわたって火災保険を継続している場合は、契約内容を確認した方がいいでしょう。

一方、新価とは、同じ家を建て直したときに必要な金額のことをいいます。

◉所得控除を受ける手続き

10月中旬頃に保険会社から「生命保険料控除証明書」と書かれたハガキが送られてきます。税金を取り戻すための証拠ですから、大切に保管しておきましょう。

サラリーマンの場合は、12月の給与前になると、社員に「給与所得者の保険料等控除申請書」が配られます。

これにハガキを添付し会社に提出すると、会社が年末調整をしてくれます。会社が給与と一緒に還付金を払ってくれるので、トクした気分になりますが、もともと多く払い過ぎていた自分の所得税が戻ってきただけです。

自営業者の場合は、生命保険料控除証明書を確定申告書に添付し、自身で手続きを行います。

31章 事業所得で節税する

◉「副業解禁」の時代到来

２０１７年11月、政府は副業・兼業を容認する方針を打ち出しました。厚労省も企業に影響力を持つ「モデル就業規則」の副業禁止規定を改定します。

政府が副業容認に転じる背景には、急速に進む少子高齢化による労働力不足への危機感があります。

◉副業を節税術に使う

今年度内にも副業・兼業が公的に事実上、解禁される見通しになった今、副業に関する節税術を考えてみましょう。

ここでのポイントは、副業の所得を雑所得にするか、事業所得にするかです。なぜなら、損益通算できるのは事業所得であって、雑所得ではないからです。

副業収入を事業所得扱いできれば、赤字が出た場合、黒字の給与所得と損益通算できるので、再計算した所得税を確定申告することで、払い過ぎた分の所得税が還付されます。

一方、雑所得と位置付けると、副業で赤字が生じても、給与所得と損益通算できないので、還付金はありません。

副業が単発ではなく継続性のある「事業」であって、コンスタントに収益が少しでも上がっていれば事業所得として確定申告してみましょう。

「事業」というものを堅くとらえる必要はありません。ネットを利用した小口の物品販売でも事業になりえます（**図11参照**）。

税務署から「事業所得として認めない」とクレームがつけば、修正すればいいだけです。

なお、コンビニや飲食店で働いて得る収入は「給与所得」です。

◉副業の事業所得が赤字になった

副業を始めたときは、なにかと経費がかかるものです。必要経費が売上げを超えて事業が赤字になった場合は確定申告で、給与から天引きされた所得税が戻ってきます。

たとえば、ネットで輸入雑貨を販売するAさんの事務所は自宅。家賃、電話代、光熱費を事業用と家事用に4対6に按分し、事業用を確定申告の際に必要経費として計上します。

図11 サラリーマンが節税するには

● 総合課税方式

- 給与所得
- 不動産所得
- 事業所得

性格の違う所得と合算して税金を計算

無店舗販売の小口ディーラーでも立派な事業家

- ・電話代
- ・車の燃料費
- ・家賃
- ・水道
- ・電気代

× 3割～4割 ＝ 必要経費

● 事業所得が赤字の場合

① 事業収入 － 必要経費 ＝ 赤字の事業所得

② 給与所得＋(赤字の事業所得)＝赤字分が減額された給与所得

③ ②の給与所得をもとに所得税を再計算

④ 源泉徴収されていた所得税から還付あり

按分比率は細かく考えず、皮膚感覚でいいでしょう。クルマの維持費や燃料費なども同様に扱えます（図11）。

売上げが必要経費より少なければ、事業所得は赤字になるので、確定申告の際に給与所得と損益通算し、〝正しい所得税〟を算出し、天引きで納めていた所得税との差額が約1か月後に銀行振り込みで還付されます。

もし赤字が大きく、給与所得がマイナスになれば、所得税全額が戻ります。

◉副業と住民税の関係

サラリーマンは、会社が行う年末調整で所得税の精算は済んでいます。しかし、副業を持つと、所得のあるなしにかかわらず、確定申告をして〝正しい所得〟を明らかにする義務があります。

給与所得は、会社の発行した源泉徴収票によって証明できます。事業所得は、自身で計算し申告書に記載します。

一方、住民税に関して何もする必要はありません。住民税と所得税は密接にリンクしているからです。

税務署に確定申告書を提出すると、申告書の内容が市区町村に渡り、それをもとに住民税が決定されます。

市区町村は次のような手順で会社に社員の住民税を知らせており、この流れから副業が発覚することがあります。

1　社員は赤字の事業所得と給与所得を損益通算して確定申告をします

2　税務署は確定申告書の内容を市区町村に渡します

3　市区町村はその内容を基に住民税を計算し、会社に通知します

4　市区町村が会社に送付する通知書には、①給与収入　②その他の所得とあるので、会社は社員の副業に気づきます

会社は市区町村からの通知で社員の住民税が極めて少額かゼロという不自然な事実を知ります。社員に事情説明を求めるか、見て見ぬふりをするかは会社次第です。経理事務を外部委託していれば、スルーの可能性もありますが、予見できません。

◉普通徴収と特別徴収

黒字の副業収入が、会社にバレない方法があります。確定申告書に「給与所得以外の住民税の徴収方法の選択」という欄があり、次のどちらかを選択できます

1　給与から天引き（特別徴収）
2　自分で納付（普通徴収）

「2」を選ぶと、副業の所得に応じた住民税額を記載した納税額通知書が自宅に郵送されるから、それで納付すれば、会社に副業を知られることはありません。

会社が給与から天引きするのは、給与所得に対応する住民税だけです。

もし、丸をどちらにもつけず、選択しなければ、「特別徴収」になるから、忘れずに「2」を選択しましょう。

副業所得が赤字の場合には、住民税が発生しないので、「1または2」を選択する必要もないのです。

確定申告で事業所得と給与所得が損益通算されると、減額された給与所得に応じた所得税が再計算されます。

市区町村は、確定申告書に記載された所得税に基づいた住民税を会社に通知します。このことから、会社は社員の不自然な住民税を感知します。

損益通算を使って税金をゼロにする手法の最大のネックがこれです。この問題をクリアする方法はありません。

ただ、政府が近々、副業を容認するようになるので、会社の副業禁止の方針が変わる可能性は大きくなるでしょう。

なお、貸家や駐車場を持っている人が、そこから上がる所得と給与所得の損益通算はよくある話で、会社はこれは黙認しているようです。

◉税制は生き物。変化に要注意

「情報はカネを生む」とはよく言われることです。いいかえると、情報にうといと、損失を出してしまいます。

典型例がゴルフ会員権の売買です。

ゴルフ会員権の場合、売却損を他の所得と合算し課税所得を減らす損益通算制度が使えました。

過去形で書いたのは、2014(平成26)年4月1日以後に行ったゴルフ会員権の譲渡により生じた損失は、給与所得など他の所得と損益通算ができなくなったからです。

仮に、2014年3月末日までに、ゴルフ会員権を売却して給与所得を上回る損失を出せば、課税所得はゼロになるので、確定申告すると給与から天引きされた所得税は全額戻ってきました。退職金で多くの税金を取られる人は、退職の年に赤字のゴルフ会員権を売る手もありました。

情報を知らないと、法の改正前に有利な動きが取れず、損を出してしまいます。

兆候はさまざまにありました。国の借金は膨れ上がり、ゴルフ会員権の譲渡損益を損益通算から外し、分離課税にする案がいつ急浮上してもおかしくない状況でした。

投資や一般不動産の譲渡損失の損益通算が廃止されたように、ゴルフ会員権も近々、廃止されるだろうといわれていたのです。

予想が現実になったことで、還付金狙いや退職金の所得税削減計画は消し飛んでしまいました。

さらに分離課税への方向性がはっきりと出た瞬間から、会員権の売りが市場に殺到し、相場は暴落しました。政府の税制改革の動きには常に耳を高く立て、早め早めに対応することが大きな損失を招かない策です。

なお、倒産したゴルフ場の会員権によって生じた損失は、譲渡所得ではないので、もとから損益通算できません。

第3部

医療・介護

32章「世帯分離」という裏技——医療保険編

◉世帯年収で決まる国保保険料

こういう例があります。

母親の入院費が高くて、子どもは困っています。母親の収入は、年額50万円の年金のみで、息子は自営業です。

世帯は息子とその家族、そして母親で、みな国民健康保険に加入しています。

母親の入院費用を下げる方法は、「世帯分離」です。

世帯分離とは耳慣れない言葉ですが、文字通り「世帯を分離する」ということです。母親は息子家族と同一世帯だったのを別の世帯になる、という意味です。

国保保険料は、世帯所得と世帯人数をもとに「世帯単位」で算出されます。となると、保険料を安くするには、世帯所得を下げるしかありません。

◉世帯分離って何？

では、生活レベルを維持したまま、世帯所得を下げることはできるのでしょうか。

世帯分離とは、単に住民票を分けるだけなので、戸籍に変化はありません。同居も続けられます。

また、税法上の扶養親族の身分も変わらないから、税金も上がりません。

先の家族が世帯分離すると、息子家族と母親は別世帯になるため、国保保険料も世帯別に計算することになります。

母親の年収は年金の50万円だけなので、公的年金等控除で課税所得はゼロになり、母親は住民税非課税世帯に認定されます。

これまで母親は息子世帯の一員でしたから、非課税世帯ではありませんでした。

◉入院費が3分の1に激減した

世帯分離すると、どうなるのでしょう？

第一に、母親に国保保険料の請求が来ますが、その保険料は市町村によりますが、月額数千円レベルでしょう。息子家族の保険料も母親が抜けた分、安くなります。

第二に、母親の医療費の自己負担が安くなります。母親（70歳未満）の自己負担は、1

か月の医療費がどんなにかかっても上限額が3万5400円。ただし、食費や個室代などは別料金になります。これは高額療養費制度が適用されるからです（P52図3参照）。

息子と同じ世帯のときは、息子の所得に対応した医療費だったので月額約9万円を払っていました。

なお、先の例が国民健康保険ではなく、健康保険の場合はどうなるでしょう。母親が年収130万円未満なので、被扶養者として息子の健康保険に加入できます。母親には健康保険料はかかりませんし、息子の保険料は、被扶養者が増えても増額はしません。

さて、治療費が高額になった場合、高額療養費制度が使えます。高額療養費制度は、所得によって上限額が5ランク（区分）に設定されています。

健康保険の場合、被扶養者が受ける療養の給付は、すべて被保険者 に対する給付と同様です。ですから、高額療養費に関しても、母親に適用されるランクは息子と同じになり、1か月の治療費は約9万円かかります。

母親が5ランクのうちの最低ランク（非課税所得者）に位置づけられれば、入院費用は上限3万5400円で済みます。

それには世帯分離し、国民健康保険に加入すればいいのです。

33章「世帯分離」という裏技——介護保険編

◉老人ホームの費用が月8万円減

65歳以上の人の介護保険料は、前年の世帯所得に応じて決定されます。原則として、年金からの天引き徴収です。

となると、介護保険料を安くするには、世帯所得を下げるしか方法がありません。これは国民健康保険料でも同じです。

生活レベルを落とさず、世帯所得を下げるには、先述した「世帯分離」という方法があります。

世帯分離とは、たとえば子どもが世帯主で親も同じ世帯なのを親だけが抜けて、住民票を別にした世帯をつくることをいいます。住民票を分けても同居は続けられるし、戸籍の変更もありません。

世帯分離することで世帯主の所得が下がると、「世帯の所得」を基準に決められている高額療養費の上限が下がることや、介護保険料、老健施設の利用料などが安くなります。

たとえば、親子が同一世帯のときは、住民税課税世帯だったのが、世帯分離して非課税世帯に変わると、老人ホームの費用が月額8万円も減るなど「激変効果」が現れます。

◉特養の費用を安くする方法

特別養護老人ホーム（特養）は、費用の面で有料老人ホームと比べて圧倒的に安いことから、入所申込者（待機者）は、２０１６年４月時点で約36・６万人です（厚生労働省調べ）。

２０１３年10月時点より16万人近く減った理由は、比較的軽度な「要介護２以下」の高齢者が原則として入居できなくなったことが影響しています。

特養への入居順位は、施設長、介護職員、ケアマネジャーなどで構成される「入所判定委員会」によって優先順位が決められ、「ウェイティングリスト」に載せられます。

その順位は、単に申し込み順ではありません。要介護度のほか、独居や老老介護など、入所の緊急性が加味されます。

となると、形態上、独居世帯は、通常より入所しやすいことになります。さらに、利用料も所得階層別だから、世帯分離して一般所得層から低所得層へ移行すれば、月額約３～４万円は安くなります。

◉世帯分離の手続き

世帯分離の手続きは、印鑑、国保の加入者なら保険証、本人確認ができる免許証などを持参し、市区町村の市民課（名称は役所によって異なる）に異動届、または世帯変更届（世帯分離届とはいわない）を提出します。もちろん費用はゼロ円です。

受理される条件は、全国一律の規定があるわけではありません。申し出をそのまま受け付けて処理する役所もあれば、何か確認の質問をする役所もあります。

「同居しているし、生計も同一のようなので世帯分離は不自然です」

とただされたら、

「生計は別です。家計をきちんと別々にしたので世帯分離を申請します」

と答えればいいでしょう。

水品山也（みずしな・さんや）

リタイアード社労士。元気に動けるうちに退散。今はカネより（当然あっていいですが）自由な時間を優先。

現役時代は労働者の味方、あるときは、経営者に労務管理セミナー。今は冬の寒さ、夏の暑さから逃げるが勝ちのゴクラク生活です。

著書に『ワルが教える年金・保険しゃぶり尽くしテクニック』『ワルが教える年金取り返しマニュアル』がある。

mail : mssy_book@excite.co.jp

年金《ねんきん》をがっぽりもらうための裏《うら》マニュアル

2018年1月15日　初版発行

著者　水品山也

発行者　常塚嘉明

発行所　株式会社 ぱる出版

〒160-0011　東京都新宿区若葉1-9-16

03(3353)2835－代表　03(3353)2826－FAX

03(3353)3679－編集

振替　東京　00100-3-131586

印刷・製本　中央精版印刷(株)

ISBN978-4-8272-1101-6　C0034